新西兰污染场地管理技术导则编译

陈　亮　主编

中国环境出版社・北京

图书在版编目（CIP）数据

新西兰污染场地管理技术导则编译 / 陈亮主编. 一北京：中国环境出版社，2014.1

ISBN 978-7-5111-1689-5

Ⅰ.①新… Ⅱ.①陈… Ⅲ. ①场地－环境污染－环境管理－法规－汇编－新西兰 Ⅳ.①D961.226

中国版本图书馆 CIP 数据核字（2013）第 302485 号

出 版 人 王新程
责任编辑 田 怡
责任校对 尹 芳
封面设计 彭 杉

出版发行 中国环境出版社
（100062 北京市东城区广渠门内大街 16 号）
网 址：http://www.cesp.com.cn
电子邮箱：bjgl@cesp.com.cn
联系电话：010-67112765（编辑管理部）
发行热线：010-67125803，010-67113405（传真）

印 刷 北京市联华印刷厂
经 销 各地新华书店
版 次 2014 年 11 月第 1 版
印 次 2014 年 11 月第 1 次印刷
开 本 787×1092 1/16
印 张 13.5
字 数 508 千字
定 价 45.00 元

编委会成员

序　言

我非常高兴地看到《污染场地管理技术导则编译》在中国出版。该书是中国环境保护部的努力成果，我谨对中国环境保护部的辛勤工作表示高度赞赏。

为这本书所倾注的努力与2008年两国签署的《中新环境合作协定》密切相连。从那时起，中国环境保护部和新西兰环境部就化学品和污染场地管理等对于双方同样重要的环境议题开展了密切的合作。在这个议题上，新西兰和中国的官员开展了一系列会议和交流活动以分享合作优先领域的相关知识。

新西兰环境部对如何管理污染场地发挥着领导职责并制定相关政策，但地方环境部门负责对确认的污染场地进行管理和修复。2003年以来，环境部与地方环境部门结成伙伴关系，制定并更新了一系列新西兰污染场地管理技术导则。这些导则旨在全新西兰不同地方环境部门确保在污染场地评估和管理工作方面能够保持一致。

在这部汇编中，你能够找到在新西兰如何对污染场地进行报告的准则；环境指导值分级与应用；污染场地风险筛选系统；分类和信息管理协议；以及场地调查和土壤分析。

正如这些导则已持续地对我们在新西兰的工作发挥着作用，我相信它们会有助于你们在中国开展污染场地管理与修复工作。

盖·比特森

新西兰环境部副国务秘书

中国-新西兰环境合作协定

新西兰协调员

Preface

I am very pleased to see these Guidelines on Contaminated Land Management published in China. This publication is the result of dedicated work of the Ministry of Environmental Protection, and I highly commend the Ministry for their efforts.

The work put into this book is connected to the China - New Zealand Environment Cooperation Agreement, which was signed between our two countries in 2008. Since then, the Ministry of Environmental Protection has closely worked with the New Zealand Ministry of the Environment on issues of mutual importance related to the environment, such as the management of chemicals and contaminated land. On this issue, New Zealand and Chinese officials have taken part in a series of meetings and exchanges, sharing knowledge on this priority area of cooperation.

The New Zealand Ministry for the Environment provides leadership and develops policy on how contaminated land should be managed, but it is local environment authorities which are responsible for the management and remediation of that land. From 2003 the Ministry for the Environment, in partnership with local environment authorities, has developed and updated this series of Guidelines on managing contaminated land in New Zealand. These Guidelines aim to ensure that contaminated land is assessed and managed consistently between the different local environment authorities throughout New Zealand.

In this document, you will find guidance on how contaminated sites are reported on in New Zealand; the hierarchy and application of environmental guideline values; the risk screening system for contaminated land; classification and information management protocols; and site investigation and analysis of soils.

I trust that these Guidelines are useful to those of you working to manage and remediate contaminated land in China, as they continue to be for us in New Zealand.

Guy Beatson

Deputy Secretary Policy, Ministry for the Environment

New Zealand Coordinator,

China - New Zealand Environment Cooperation Agreement

前言

随着我国经济的快速发展、产业和产品结构调整及城镇化进程推进，大量工业用地转变为居住和商业等非工业用地，遗留污染物或污染土壤构成了对周围环境及人体健康危害的风险，污染场地的风险和由此引发的社会问题越来越突出，并呈现出污染范围扩大、污染物质和类型多样、污染风险日趋严峻等特征。POPs本身具有持久性、生物蓄积性、长距离迁移性等特性，对人体健康和环境具有极大危害。为此，由POPs引发的污染场地问题越来越多的受到政府、学者以及公众的普遍重视和关注。《关于持久性有机污染物的斯德哥尔摩公约》(POPs公约)对此类污染场地的管理和修复提出了明确的要求。做好污染场地的管理工作，对于我国履行POPs公约、降低污染场地对环境和健康威胁、促进社会经济可持续发展，具有重要意义。

我国污染场地环境管理工作尚处于起步阶段，相关经验匮乏。为借鉴发达国家污染场地管理经验，在《中国-新西兰环境合作协定》框架下，环境保护部环境保护对外合作中心完成了这本《新西兰污染场地管理技术导则编译》。

本书共分5部分，第一部分着重介绍新西兰污染土地报告，介绍公民如何进行污染场地举报和登记，由高新华、丁琼、施川、田亚静完成。第二部分重点介绍环境指导值分级与应用，介绍场地调查中场地指导值的选择与应用导则，由田亚静、陈海君、吴恩涛、高新华完成。第三部分重点介绍风险筛选系统，介绍场地初步调查结果评价和风险初步识别导则，由姜晨、丁琼、田亚静、任志远完成。第四部分详细介绍分类和信息管理协议，介绍如何进行场地污染确认和分类，提出为土地所有者及相关方提供信息的要求，由任志远、陈海君、姜晨、施川完成。第五部分介绍场地调查和采样分析导则，明确场地调查的原则、野外工作与采样、实验室分析、数据解释的要求等，由施川、吴恩涛、姜晨、高新华完成。本书完稿后，余立风副主任对本书进行了修改完善，并由陈亮主任统稿和最终审定。

本书的编译是在“中新环境合作持久性有机污染物管理交流项目”和国家环境保护公益性行业科研专项项目“二恶英 BAT/BEP 导则与增列 POPs 评估研究”的支持下完成，并获得了新西兰环境部的许可，新西兰环境部副国务秘书盖．比特森先生应邀为本书作序。本书的编译工作得到了环境保护部国际合作司的指导和支持，特此致谢。希望本书的出版将促进公约的谈判和履约，推动污染场地调查评估和修复治理工作的开展，为污染场地无害化管理和清理提供借鉴。

由于时间仓促、编译者经验有限以及其他条件的限制，书中难免有疏漏之处，恳请专家学者批评指正。

编译者

2014 年 11 月 25 日

目 录

第一章　新西兰污染场地报告（2011 年修订）

新西兰环境部已竭力确保本导则所含信息完整、准确，但并不对其使用后果承担任何责任。无论在何种应用情况下，本导则都不应被视为能够为用户提供权威性的阐述。在使用本类导则时，所有用户及其客户应确保其应用范围适用于实际情形，如对此无确定把握，应征求专家意见。

致谢

本导则的 2001 年版是由拉蒙·斯考伯（Ramon Scoble）为坎特伯雷环境保护局（Environment Canterbury）编写完成。该项目得到了区域废弃物管理人员论坛坎特伯雷环境保护局以及环保部的大力资助与支持。区域废弃物管理人员论坛包含了所有新西兰区域市政局以及单一管理区的代表。

对本导则的编订做出巨大贡献的其他机构有：怀卡托环保局、南部环保局、塔拉纳基区域市政局、塔斯曼区域市政局以及大惠灵顿区域市政局。新西兰环境部于 2001 年 4 月对本导则进行了公布。2003 年与 2011 年的修订版已由环境部组织公布。

对于拆除石油地下储油罐（章节 1.4）报告，其清单所依据内容为惠灵顿 URS（新西兰）有限公司编订的原件；因此，对获此使用许可，我们深表感谢。

在此，对本导则早期初稿版本进行审查或提出建议的所有人员，我们表示衷心的感谢。

实施纲要

在区域废弃物管理人员论坛的帮助下，本导则有幸成为由新西兰环境部公布的第一份关于污染土地管理的文件。本导则由澳大利亚导则改编而来，可作为最佳的实践指南供区域市政管理、土地综合管理机构和环境咨询机构使用。本导则内容只对实践做法进行了报告，并未对如何进行调查、评估，或提供修复建议进行说明。

如何使用本导则

本导则旨在保证关于新西兰污染场地调查、评估和修复报告的一致性。本导则将有助于市政局和地方当局工作人员、场地审核人员、市民和其他利益相关方对此种污染场地所造成的影响进行评估。

报告有五个阶段：

- 场地初步调查报告；
- 场地详细调查报告；
- 场地修复实施方案；
- 场地验收报告；
- 后续监测和管理方案。

本导则列出一份清单对这五个报告阶段进行了详细描述。该清单可帮助实现报告内容都采用统一的模式，以保证当地部门能够获取其需要的信息来处理相关的环境问题。各个报告阶段可分开呈列，或在复杂的场地情况下，也可联合呈列。无论在哪种情况下，每个报告阶段必须包含所有必要的信息，以便能够进行全面的审查。

咨询机构的报告一般情况下会采用这几个阶段。报告内容可以是出售或购买协议或为申请许可，以及污染记录和对修复过程的描述。

但是主要的清单并不适用于对地下储油罐拆除后报告的制定，对此，本导则将会提供一份独立的清单用以制定该报告。

本导则还给出一份扩充后的参考文献列表，列表内容包含了来自新西兰、澳大利亚和美国相关领域可用的信息资源。

本导则使用者所承担的责任

遵守本导则并非意味着任何人，包括顾问，在未经土地所有者和承租人以及正当委托代理人许可的情况下，有权以任何方式进入非自己拥有或租赁的土地实施调查活动。

遵守本导则并非意味着任何人，包括顾问，可免受地方当局所规定的其他要求（包括各种立法机构规定的许可）的限制。此种其他要求所需的证明文件符合本导则部分或全部内容的，应包含在报告中并表明其符合情况。

根据《1991 年资源管理法》第 17 条规定，顾问（及其客户）应有意识避免、补救或减轻对环境造成的不利影响。

2001 年版本中的变更内容

本导则的早期版本于 2001 年编制完成。当时，本导则的初稿在本地当局、环保咨询机构和主要行业内流通发行，终稿是在收到建议与意见的基础上修订完成的。

本导则于 2003 年 11 月完成第一次修订，修订内容涉及以下几条：

- 2.1—已为风险筛选体系提供参照案例，并且应在场地初步调查报告阶段提供便于在场地内实施风险筛选活动的信息；
- 2.5—已强调需要每年对场地管理方案进行报告。通过进行场地行为控制，管理方案正逐渐成为一种降低风险的普通方法。然而，如要使风险能够得到持续控制，则需要对所有方案的实施情况以及效果进行报告。

最近一次的修订已在当前版本中完成（2011 年 10 月），修订内容如下：

- 网址；
- 对其他文献的引用；
- 对《资源管理〈为保护人体健康进行土壤污染物评估与管理的国家环境标准〉条例 2011 年版》的引用（自 2012 年 1 月 1 日起生效）。

正文及表格也发生了多处微小变化，以使其与其他污染土地管理导则类文件相一致。

所有导则文件可通过http://www.mfe.govt.nz 以及质量策划网站（http://www.qualityplanning.org.nz/index.php）下载。

1.1　简介

本导则是由新西兰环境部公布的第一份关于污染土地管理的文件。

本导则目的在于对污染场地调查、评估、修复以及进行后续检测活动时，保证咨询顾问以及其他人员所编写的报告包含足够、适当的信息以便于监管机构、场地审核人员、市民和其他利益相关方能够进行有效的审查和采取恰当的措施。

本导则第 2 部分和第 3 部分内容对污染土地报告的内容提出了最低要求。第 4 章内容列出了关于地下石油储罐处理的相应准则。依据《1991 年资源管理法》（RMA）的规定，本导则的采用和实施可进一步强化环保意识，引起对污染场地问题的重视并推动改进结果产生。

在某些特定的情况下，其他一些报告和要求将作为参考应用。当制约土地的特定规划、建筑或分区要求与实际存在或可能存在的危险污染物相关时，可能会需要提供额外的信息。与此相关的详细内容应当向相应的规划部门咨询。同样，当场地受到下列情形影响时，应当与相关部门取得联系：

- 该部门进行的调查活动；
- 该部门进行的执法活动；
- 资源管理许可申请；
- 该场地之前已被授予资源管理许可。

地方当局或环境部可利用污染场地汇报和报告对与污染场地相关的环境影响、管理及相关政策进行监控。

对于某些使用类型的土地，尤其是煤气厂、受石油类污染的场地、木材加工场和羊用洗液污染场地，新西兰已针对其调查、评估、修复和监测过程制定出了相关规定。这些规定文件可从环境部获取，并已在该部的网站（http://www.mfe.govt.nz/publications/hazardous/）上列出。

但是这些导则尚未对多数的污染物类别、土地使用活动以及大量的相关问题做出规定，如采样的代表性、固有衰减评估、必要的审计程序以及参与场地调查、审计和监督人员的能力。本导则列出了一份关于新西兰以及国际参考文献的清单（章节 1.5），以便于解决上述提到的这些问题。

就本导则而言，根据法定描述或部分法定描述定义，“场地”是指处于调查之中的一片区域性土地[中国污染场地定义：因堆积、储存、处理、处置或其他方式（如迁移）承载了有害物质的，对人体健康和环境产生危害或具有潜在风险的空间区域]。

1.2 调查与报告

污染场地管理大致可分为以下几个报告阶段，这些阶段可跟踪从开始到修复的场地调查过程或进行长期管理：

- 场地初步调查报告；
- 场地详细调查报告；

- 场地修复实施方案；
- 场地验收报告；
- 后续监测和管理方案。

由咨询机构编写的报告一般情况下会采用这几个阶段。除可记录已实施的调查和清理过程之外，报告还可用于满足出售或购买协议、许可申请以及其他要求。

各个报告阶段可分开呈列，通常在较大和复杂的场地情况下，也可联合呈列。但是，每个阶段的报告必须独立，并且信息充足，以便于相应审查人员理解。

如果一个场地的信息在此之前已编制完毕，且该信息仍然可用，对该信息的汇总则应能够满足随后报告的需求。如果一个场地已存在一份相关的报告（例如，在一个地方当局已识别的文件），则保存这份文件的人员以及文件位置应在报告中予以呈现。

对于报告用于资源管理许可的情况，在报告中可包括或附上《1991年资源管理法》第88条及附表四规定的相应的补充信息。注意：一些本地当局会要求许可申请信息用特定的表格呈报。

场地报告一般由以下五个阶段内容构成，并不是所有的阶段都必须包含在内，但对任何一个阶段的省略都应在报告中进行明确的解释。章节1.3中包含的一份清单详细地阐明了在每一阶段至少需要包含的内容。特别注意单独一页的汇总目录，这份目录应作为报告的第一页。该汇总清单可起到对报告完整内容的导读作用。

1.2.1 第1阶段——场地初步调查报告

场地初步调查报告的目的是对场地历史进行介绍，内容包括：

- 标识出任何已知的当地信息，并能提供场地附近土壤和地下水质量的基线数据；
- 按时间顺序列出所有在场地进行的过去和现在的活动，该类活动涉及的内容包括储存、生产、使用、处理或处置可对场地造成污染的物质；
- 标识出可能会污染场地的材料类型以及这种污染可能发生的位置；
- 描述出当前的场地条件以及任何已知的之前的评估内容和结果；
- 引用任何有关当局描述场地的详细记录，这其中包括风险筛选的数据和结果（见《污染土地管理导则（3）：风险筛选系统》，环境部，2004年版）或其他评估的数据或结果；
- 标识出受污染的可能性；

- 根据可用的定性和定量信息对场地污染程度做出初步评估；
- 评定出现场是否需要进行进一步的调查，特别是关于当前或提议的土地用途或潜在的环境影响。

风险筛选系统是评估潜在风险的一种非常有效的方法，当地政府和环境咨询公司都将其作为一种工具使用。用于风险筛选的输入值应充足完整，并应包含在场地初步检查中。

对于初步评估，场地的历史信息是最基本的内容，可用于评估该场地受污染的可能性。一定要注意对场地所有的相关信息进行审查和评估，这其中包括在场地调查过程中获得的信息。如果一段完整的场地历史明显显示场地活动不会造成污染，则可不必进一步调查或采样。

然而，如果有污染活动发生，或可能发生，或者如果该场地历史信息不完整，则有必要进行初步采样分析。调查结果应写入场地初步调查报告中，并作为评估的一部分依据来决定是否需要进行下一步更详细的场地调查。

1.2.2 第 2 阶段——场地详细调查报告

此阶段应包括以下内容：

- 在初步调查中发现的问题；
- 预测的污染类型、范围和程度；
- 所采集样品的物理化学性质以及采样程序，采样过程的质量保证、质量控制要求；
- 采用的分析方法、实验室质量保证、质量控制程序和方法。

本阶段场地调查报告包括的内容还有：

- 在场地中所有相关的环境介质中，污染物的实际污染程度和含量水平；
- 任何已检测到的可能分布在空气、地表水、地下水、土壤和灰尘中的污染物成分；
- 任何场地内或场地外对土壤、水、沉积物和生物群造成的影响及其他因素类型；
- 污染物对公众健康、环境和生态结构造成的潜在影响；
- 与修复措施决策相关的信息的充分性和完整性；
- 场地修复过程中是否安排管理或过程监测等工作。

所进行的任何调查都应符合《污染土地管理导则（5）：场地调查与土壤分析（2011 年修订）》（环境部，2004 年版）的规定。

土壤样品的化学分析结果应与相应的标准或指导值进行比较，《资源管理〈为保护人体健康进行土壤污染物评估与管理的国家环境标准〉条例》中专门制定有某些特定场景下土壤中某些优先污染物的相关标准。

当上述土壤污染物标准在现场不适用时，可根据《保护人体健康的土壤污染物标准制定方法》（环境部，2011 年 a 版）所提供的特定场地评估方法与指南来获取土壤的指导值。此外，也可采用通用土壤指导值（如由环境部公布的一些基于行业特征的导则），这些导则所假设的场景可适用于正在进行调查的场地和周边环境。

在人体健康风险和生态风险的评估过程中，一些计算机软件工具可以辅助应用。如在场地调查报告中借助计算机软件工具实现场地数据应用、场景设定和算法确定的过程，从而达到对场地较为详细描述的目的。风险评估过程中所提供的信息应尽可能详尽，以便报告审核人员能够重复进行风险评估。

如果场地详细调查报告结果显示场地污染可对场地内、场地外、当前土地利用或将来土地利用过程中的人体健康或环境构成不可接受的风险，则需对该场地制定并实施修复措施。

需要注意的是，与地方当局、顾问或其委托人利益相关的区域可以不位于其财产边界范围之内，在这种情况下，应对利益界限（污染区域）进行明确表述。调查的覆盖范围应能够明确界定出所提及场地和污染源的污染情况。如在调查中发现与场地不相关的污染情况，则应将该情况向相应的地方管理部门报告。此种情况可以在场地调查报告方式中进行反映，也可在监测或预计出存在不良直接影响时立即进行报告。

1.2.3　第 3 阶段——场地修复实施方案

通过风险评估确定需要进行修复或管理的污染场地，所制定出的场地修复实施方案应包括以下内容：

- 所设定的修复或管理目标可确保场地能满足当前或预期的土地使用情况，并且无论是在场地内还是场地外，场地境况都不可对人体健康或环境构成不可接受的风险；
- 详细记录所有降低风险的程序和预实施的方案，以便在当前或预期的场地使用情况下，风险可达到一个可以接受的风险水平；
- 建立记录机制，以确保活动按修复措施方案规定的内容进行；
- 建立环境保障体系，以环境友好的方式完成修复过程；
- 评审及修复工作需提供监管部门的审批、许可及证书的证明。

对于特定场地修复目标需要由恰当的风险评估方法进行确定，咨询公司必须咨询当地政府或职能部门确定合适的程序。对于何时开展特定场地环境风险评估以及采用何种方法确定特定场地修复指导值已在《保护人体健康的土壤污染物标准制定方法》（环境部，2011 年 a 版）中有相应描述。

对将要实施的修复工作制订出系统、明确的计划，以确保在此期间其他事项，如日期、数量、取样、挖掘及处理处置地点等的记录完整。在修复实施方案中应包括对当地背景条件的核实。这些数据以及在修复期间或之后做出的任何管理或调整决定将会在第 4 阶段或第 5 阶段（或者两个阶段都包括）的报告中用到。

1.2.4 第 4 阶段——场地审核报告

在实施修复或控制措施后，需要评估并验收在场地修复实施方案中所叙述的目标是否都已实现。场地验收报告要详细说明修复实施方案的执行情况，以及所提方案与验收结果之间的差异。对于修复实施方案执行情况的评估，需要综合考虑已设定的管理与修复目标的达标情况，以及修复实施的具体方法。

报告内容将结合以下情况有相应变化：

- 初始的污染程度与针对此场地设定的修复目标；
- 所实施的修复过程类型与程度；
- 当前或预期的土地用途。

验收过程必须以统计方式确认经修复的场地，满足修复实施方案所规定的清理标准。关于统计取样与确认的细则，我们建议咨询公司参阅新南威尔士州环境保护局公布的《污染场地：采样设计导则》（1995 年版），美国环境保护署公布的《清理标准评价方法》（1989 年版）也同样具有参考价值。

采样设计和相关的统计评估也可借助多种计算机工具。对于场地调查，报告应能提供详细的程序以及足够的信息以使审查人员对评估工作进行重复。

场地验收报告必须依据修复实施方案中的清理标准，在修复后通过检测进行达标评估。对于没有达到修复目标的情况，应阐明其原因，并列出能实现特定修复目标的补充方法。如在前一阶段的报告中对临时方案进行了详细陈述，则在提交场地验收报告之前，这些方案应实施完毕。

在可能的情况下，场地验收报告还应包括证明其能满足当地政府、职能部门及土地部门或其他规划部门的要求和许可。特别需要注意的是，根据修复方案以及处置点和地方当局的要求，已在场外完成处置或即将处置的污染材料必须在报告中进行详细阐述。

1.2.5　第 5 阶段——后续监测和管理方案

对场地后续监测和管理方案需要从以下几方面进行考虑：

- 不能够或不适合进行全面的清理；
- 已选择将监测自然衰减作为首选的修复方案；
- 建议对污染物进行原位封装。

修复过程中虽然按照实施方案的要求已达到修复目标，并经场地验收报告确认，但仍然需要根据要求提出一个后续监测和管理方案。如果经批准，污染物仍然需要保留在场内或场外，根据《资源管理法》第 15 条的规定，该方案可作为对排放许可执行的支持信息。在这种情况下，报告中还应包括《资源管理法》附表四以及第 88 条中的相关要求。对于各区域的要求，需与相关的区域政府或职能管理部门取得联系进行确认。

监测计划应详细阐明所建议的监测方案、监测对象，监测位置和频率以及报告要求（格式、内容和频率）。该计划还应对监测和管理方案的审查期限进行说明。

但对监测结果的报告规定并不在本导则范围之内。如在报告中需要将后续监测或场地管理作为资源管理许可条件的，报告要求需与管理许可规定的一致。然而，在多数情况下监测和管理方案提出的要求将会构成资源管理许可后续报告条件的依据。对于监测或管理由非法定文书管控的，任何补充性条款都要求在文本中列出。

当管理方案作为降低风险的主要手段时，其实施情况与效果须至少每年向当地相关部门进行汇报。如果没有此报告，地方当局将无法确定污染风险是否得以控制。

1.3　报告要求清单

以下清单为污染场地报告提供了一个统一的方法，以确保地方当局或职能管理部门对环境问题能进行合理解决。其目的并不是要求咨询单位提交内容一致的报告，而是要确保所提供信息的全面性。清单中的标题可作为报告章节的标题。

如果报告内容需要与清单内容偏离，则应对此种情况进行明确说明。报告正文所包含的信息应能满足任何适用于场地的导则标准。如果一些结论需要大量的或复杂的详细信息支持，这些详细信息可作为报告单独的附件，但在正文中必须对这些情况进行说明。

1.3.1 清单汇总

清单汇总作为报告的第一页。从该清单中，读者可了解到对报告全文的概述、每一部分所包含的信息类型以及所提供信息的完整程度。主要清单及汇总页所使用的缩写词在章节 1.3.2 中进行了定义。

1.3.2 如何使用清单

本清单与章节 1.2 中讨论的报告的 1～5 个阶段相对应。其目的在于能提供一个具有逻辑性的和连续性的列表，以使报告的每个部分都能涵盖所需要的数据。所有列表为提示性内容而非指定性内容，这其中也包括补充的相关话题和专题，以辅助提供场地中更详细的信息或污染物问题。

第一列内容给出了需要包含在内的报告标题以及在每个标题下所涵盖的主要科目，其他列内容给出的是污染场地研究的报告阶段，其中采用的缩写词定义如下：

PSI　　场地初步调查报告

SIR　　场地详细调查报告

RAP　　场地修复实施方案

SVR　　场地验收报告

MMP　　后续监测和管理方案

下列缩写词表示出了清单对信息的不同要求：

R　　具备目标场地的相关专题和详细信息

A　　尽可能包含能够获得的一些信息

S　　可以直接应用某参考报告中已经给出的详细信息

N　　只包含无须进行进一步场地调查时的信息

X　　在此不适用且可忽略

污染场地报告清单汇总表

请指出本导则所包含的报告					
需要呈列的报告阶段和信息	PSI	SIR	RAP	SVR	MMP
实施纲要	R	R	R	R	R
工作范围	R	R	R	R	R
场地标识	R	R	R	R	R

请指出本导则所包含的报告

需要呈列的报告阶段和信息	PSI	SIR	RAP	SVR	MMP
场地历史	R	S	S	S	S
场地条件与周围环境	R	S	S	S	S
水文地质	A	R	S	S	S
采样分析方案以及采样方法	A	R	X	R	R
现场质量保证与质量控制（QA/QC）	N	R	X	R	S
实验室 QA/QC	N	R	X	R	X
QA/QC 数据评估	N	R	X	R	X
指导值依据	R	R	R	R	R
指导值结果	A	R	R	R	S
场地特征	R	R	R	R	R
修复措施	X	X	R	S	S
验收	X	X	X	R	S
场地管理方案	X	X	R	S	S
后续场地监测	X	X	X	N	R
结论与建议	R	R	R	R	R

五个阶段各自需要的最低信息要求

需要包含的报告阶段和信息	PSI	SIR	RAP	SVR	MMP
实施纲要	R	R	R	R	R
• 背景					
• 所汇报的调查阶段需实现的目标					
• 将要或已经实施的工作范围					
• 结论与建议汇总					
工作范围	R	R	R	R	R
• 对将要或已经实施工作范围的明确描述					
场地标识	R	R	R	R	R
• 城市/乡镇，街道名称，街道牌号					
• 法定描述，包括土地号、已存放图册和产权证书数量					
• 在处理较小或较大场地时，根据新西兰地图集确定的地理坐标					
• 当前平面图，比例尺朝向为北方，显示场内和场外附近当地的排水和其他当地的重要特征，该平面图还应显示可能对污染物分部造成影响的建筑物的历史位置（例如：地上建筑、地下存罐、处理池等）					
• 位置图					

需要包含的报告阶段和信息	PSI	SIR	RAP	SVR	MMP
场地历史	R	S	S	S	S
• 按时间顺序列出场地的所有权和使用情况（包括针对这些使用情况的 HAIL[①]），以表示出信息断带、空置时间以及预期用途（如与此相关）					
• 根据污染土地管理导则附表 B ANZSIC（1993）规范与 AS4482.1/2（1997 与 1999）对与每种土地用途相关的污染物进行的概要描述					
其中也包括来自特定场地的信息					
• 之前、现在、预计（如相关）进行的分区，并对已发生的分区变化给出概要原因					
• 关于建筑、许可证、执照、资源同意书、批文及工商业废物协议合规记录的详细内容					
• 本地地下水和地表水资源的使用情况，包括抽水的存在形式、速度和位置（当前和过去）					
• 能够显示现在和过去工业流程的场地布局图					
• 污水管道与设施平面图，并在图上标出可用的和废弃的设施的位置					
• 相邻土地的历史使用情况					
• 相关的投诉记录					
• 场地工作人员和居民对本地的了解情况（现住和前住）					
• 与场地相关的文学描述概述，其中可包括报纸上的文章					
• 对空中和现场拍摄照片的评论，标明日期和地点（包括照片的方向），并在地位图上标出					
• 对生产过程的描述					
• 材料库存与废品，以及与其相关的场地用途，现场存储和/或弃置地点					
• 当前和之前地下与地上储罐的详细信息及位置，以及关于完整性测试的详细信息					
• 产品泄漏和损失历史					
• 土地、水及空气排放记录（授权和未授权情况）					
• 场地内和场地外弃置位置					
• 场内和场外污染源区域以及路径					
• 完整性评估（对信息准确性的评估）					
场地条件与周围环境	R	S	S	S	S
• 地形、测量方法以及地貌图					
• 建筑物以及道路条件					
• 储罐、废物以及填充物表现形式					
• 气味					
• 对地表水质量的目测或量化描述					
• 对潜在洪水情况的描述及其地图绘制					
• 场地边界条件，如围栏类型与条件、土壤稳定性、侵蚀程度以及雨水排水形式					
• 可见的污染迹象，如在场地内和场地边界可识别出的废旧产品、土壤变色或染色情况以及裸露土壤斑块					
• 目测观察到的植物抗逆反应					
• 对当地相关敏感环境的详细描述——河流、湖泊、溪流、湿地、当地的栖息地以及濒危动植物					

① 《危险活动和行业列表》（环保部，2011 年 b 版）。

需要包含的报告阶段和信息	PSI	SIR	RAP	SVR	MMP
地质与水文	A	R	S	S	S
• 背景地下水和地表水环境质量					
• 当地气象情况汇总					
• 对场地内井孔、钻孔和坑穴的位置、设计和施工的详细说明及其图上详细位置					
• 采用公认的地下水位及分类系统表做出场地钻孔记录，测试坑记录，其内容可显示出地层特征					
• 已报告的地表以下潜水层深度范围					
• 附近泉水和井水的位置及其描述					
• 外来和本地衍生出的污染物填埋的位置、深度及范围					
• 地下水流方向和速率，其中包括（如适用）根据普通数据调查得出的地下水水位					
• 地表水径流方向以及积水区标识					
• 优先水流路径（地表水和地下水）					
采样与分析方案以及采样方法	A	R	X	R	R
• 采样和数据分析质量目标					
• 选样的基本原则： ——采样模式、位置和深度（如场地地图所示） ——采样密度，如果有些未检测到的残余热点区在估计中仍有一定的统计置信度，则还应包括残余热点区的估计尺寸 ——正在或已经提交分析的样品，以及未经分析的样品 ——对每个样品的分析指标以及所使用的分析方法					
• 采样方法的详细描述，包括： ——采样装置与设备类型 ——所采用的取样容器和密封类型 ——样品的保存方法及参考公认组织标准 例如：美国公共健康协会（APHA）（1988）或美国环境保护署（US EPA）SW846（1992） ——样品处理程序					
• 对现场样品检测协议、方法和设备及其校准程序的详细描述					
现场质量保证与质量控制（QA/QC）	N	R	X	R	S
• 对采样小组的详细描述，并标出每位成员名字的首字母					
• 对指定的复制品和空白频率的描述					
• 对每份所采集的样品进行的描述，内容包括日期、时间和地点、取样器的首字母，重复/空白位置和类型、分析方式，现场观察记录以及天气条件					
• 对每个样品，样品链所控制的内容有：取样器、样品的性质、采样日期、预实施的分析过程、样品的保存方法，离开场地的时间、所采用的快递方式					
• 对挥发性污染物的背景样品、现场空白、运送空白以及清洗样品添加质控					
• 在采样时间间隔期间所进行的净化程序					
• 样品分离技术及现场仪器校准（如已使用仪器）					
实验室 QA/QC	N	R	X	R	X
• 经签署的样品流转单应确定样品接收的日期、时间以及样品标识，并在其实验室接收单上签字					

需要包含的报告阶段和信息	PSI	SIR	RAP	SVR	MMP
• 在不符合方法规范的情况下，应对保留时间进行记录					
• 实验室所用的解析法以及对分析方法的实验室认证					
• 实验室间比对分析方法（如果有的话）					
• 对所采用的添加物和替代物进行描述，并说明回收百分比					
• 仪器、检测方法和实际定量界限					
• 标准溶液、参比样品、检查样品（包括日常情况）结果					
• 实验室重复、空白和标准结果					
QA/QC 数据评估	N	R	X	R	X
• 根据已经说明的数据质量目标，对上述所列的所有现场和实验室 QA/QC 信息进行评估，包括以下内容： ——文档和数据的完整性 ——数据的代表性 ——对于每一个采样单元中的分析样品，采样和分析应达到一定的精密度和准确度，以提示使用者数据是否可靠、不可靠及其定性值。					
• 检查数据的可比性，其中评估偏差的来源包括： ——由不同人员进行样品采集和分析的过程 ——由同一人员采用相同的方法在不同的时间（包括长期项目的季节性变化时间）进行样品采集和分析的过程 ——指导性文件所规定采用的不同采集或分析方法 ——空间和时间变化（由环境动态所导致）					
• 实验室之内与之间重复的相对百分比差异					
指导值依据	R	R	R	R	R
• 表格中列出了所有选定的指导值以及参考文献					
• 论证显示对指导值的选择所遵循的原则符合《污染土地管理导则（2）：新西兰环境指导值层次结构与应用》（2011 年修订）（环境部，2003 年版）或《保护人体健康的土壤污染物标准制定方法》（环境部，2011 年版）的要求					
• 所采用的指导值设定与应用范围					
结果	A	R	R	R	S
• 对之前结果的总结（如适用）					
• 可显示出所有样品、采样地点、样品标识号和采样深度的场地平面图					
• 以表格形式显示的所有结果汇总： ——列出必要的详细内容，如样品标识号和采样深度 ——列出与相关指导值的比较情况 ——突出显示超出指导值的每一个结果					
• 对于每一个样品中的污染物，结果汇总表应包含下列统计信息：最小、最大、算术平均值和算术平均数的 95%置信上限					
• 关于介质、地点和采样深度，场地平面图可显示出土壤和/或地下水污染超出相关指导值的程度					

需要包含的报告阶段和信息	PSI	SIR	RAP	SVR	MMP
场地特征	R	R	R	R	R
• 对所有的环境污染类别进行评估，尤其是针对土壤和地下水的情况					
• 对土壤和地下水污染程度进行评估，内容包括可识别的能导致场内环境影响的场外污染					
• 对潜在的化学降解过程或相互作用的产品进行评估					
• 对可能的暴露途径和暴露人群风险（人体和生态风险）进行评估					
修复措施	X	X	R	S	S
• 修复目标					
• 对可行的修复措施进行描述，其中包括措施现状，在提出的每个措施中找出降低风险的手段					
• 对建议的修复方案给出选择理由					
• 对修复目标所要求的修复程度进行描述					
• 法规要求的文件，如许可证、执照及批文等					
• 修复前场地的管理内容（例如：围栏、警示标志、雨水分流等）					
• 在进行修复期间，相应联系人员的姓名和电话号码					
• 显示出需要将材料送至场外处理的运输路线					
• 修复时间表，其中包括建议的工作时间					
• 在修复活动进行期间和完成后，所提出的用于验收场地的检测方法					
• 用于修复策略未能达到修复目标情况下的应急方案					
• 阶段性进展报告（用于长期运营的项目）					
场地管理方案	X	X	R	S	S
• 现场修复运营管理方案，内容包括（如适用）： ——与社区的关系 ——雨水和土壤管理 ——噪声与气味控制 ——粉尘控制（包括车轮清洗过程） ——场地意外事故应急方案，以避免对周围环境与社区造成潜在的影响 ——长期场地管理建议 ——职业安全及健康问题与对策					
验收	X	X	X	R	S
• 验收的依据和原则，内容包括： ——选定的清理标准 ——基于统计的决策方法 ——采样与分析验收方案					
• 根据清理标准，对验收结果和评价所做出的详细的统计与分析					
• 证明验收过程符合当地有关部门规定要求的确认文件					
• 表明材料离场后已在弃置点接收的证明文件					

需要包含的报告阶段和信息	PSI	SIR	RAP	SVR	MMP
后续场地监测	X	X	X	N	R
• 后续场地监测要求提议（如有），内容包括监测地点、参数和频率					
• 监测分析的结果，包括所有上述相关的 QA/QC 要求					
• 后续场地或工厂维护（例如：容器封盖的完整性等）或应急方案					
• 负责维护、检测程序人员的详细信息					
• 后续监测和管理方案（MMP）年度报告详细内容应包括： ——任何关于场地拥有者或占有者的变化情况 ——任何关于在场内进行的活动的变化情况 ——任何关于场地实际布局的变化情况 ——任何需要实施管理方案的情况（地下工程、场地开发等）					
结论与建议	R	R	R	R	R
• 所有相关的调查结果总结					
• 得出结论之前所用的假设条件					
• 结果的不确定性程度					
• 对已采取修复措施的情况，关于在场内进行的活动和场地发生的实际变化总结列表					
• 关于咨询机构认为该场地适合当前和（如适用）预期用途的明确声明					
• 关于场地使用限制和约束性的详细声明（如适用）					
• 关于进一步工作的建议（如适用）					

1.4　地下石油储罐

章节 1.3 中所述的报告要求不适用于地下石油储罐拆除后编制报告的情况。因此，本章节提供了一份清单，可用于在地下石油储罐拆除后填写。该清单起初由惠灵顿 URS（新西兰）有限公司编订，后经修订而成。

该清单目的在于保证新西兰地下储油罐拆除报告的一致性和完整性，以及工程和勘察工作大致符合以下国家承认的文件要求：

- 《新西兰石油烃污染场地评估和管理导则》（2011 年修订）（环境部，1999 年版）；
- 《地下石油存储系统设计、安装与操作实施规程》（劳工部，1992 年版）。

对于在第一阶段调查中进行的地下存储罐拆除或置换活动，本清单列出了要求提供给地区委员会或单一管理区的最少信息含量。对于地下水已检测出受到碳氢化合物的影响，或场地内所留有的土壤超出了 1 级土壤验收标准要求的，应根据新西兰环境部编订的《新西兰石油烃污染场地评估和管理导则》（2011 年修订）（环境部，1999 年版）进行第 2 阶段调查，并按该导则要求上报。

本清单电子版也可通过以下网址下载 www.mfe.govt.nz/publications/hazardous。

本清单不适用于场地正在进行或已经进行的其他活动或土地使用情况会对环境造成污染的完整调查活动。本清单只适用于在地下储罐和相关系统（管线、加油车、补充点等）拆除后的报告。对于存在其他污染源的情况，应按照本导则章节 1.2 和章节 1.3 内容要求对其展开完整的调查。

关于地下石油储罐以及地下设备拆除与置换的报告格式

清单	
□公司信息 □场地信息 □污染物信息 □注释	□场地平面图与地位图 □钻孔/坑穴记录 □分析结果表/产销监管链 □照片

公司信息			
石油公司名称			
公司代表/代理			
在现场日期			
所属权	□公司	□运作公司	□第三方
所有者详细信息（公司名称以及通信地址）			
当前场地用途	□维修站 □汽车旅馆	□车间 □其他（请描述）	□商务
拆除原因	□置换 □转移	□部分拆除 □其他	□完全

场地信息	
名称	
地址	
法定描述	
市/区管理区域	
市/区管理区域划分	场地： 附近：

在场地进行的所有《危险活动和行业列表》列出的活动：

官员需负责的危险货物：

通知 DGI 日期：　　　　DGI 到达场地（日期/时间）：

坑位数量：　　　　拆除的油罐数量：

油罐拆除/置换信息

油罐/坑位号	容量（L）	内装物：（产品）	拆除/置换	龄期（年）	材料	打孔（*y*/*n*）	条件	坑位施工/条件

场地环境				
邻近土地使用情况 （请在场地平面图上指出）	北	□工业/商业	□居住	□农业
	南	□工业/商业	□居住	□农业
	东	□工业/商业	□居住	□农业
	西	□工业/商业	□居住	□农业
地形		□斜坡	□缓坡	□平坦
地表面层（请在图上显示）		□裸露	□混合封闭/砾石	□封闭
地表排水径流（请在图上显示）		□排水沟	□泡孔	□截砂阱
地下设施（请在图上显示）		□在用	□远处	□缺失
这些设施是否会对迁移产生影响？		□是（达到的程度？）		□否
最近的地表水体：		□>100 m	□<100 m（请在图上显示）	
地表水使用情况：		□娱乐 □农业 □还未利用	□饮用 □工业 □未知	□灌溉 □运输

场地土壤类型日志（岩性，如果了解）： 请包括异常或特殊的土壤特性	深度（m）	描述（例如：棕色粉质黏土）

是否发现地下水？	□否	□是	□深度（米）
是否有光泽或自由产物是否可见？	□否	□是	□如果是，请说明并附上参考图片
是否对现场水井采样？	□否		□是
是否检验游离相？	□否		□是

场外水井（与区域市政局一起检查）

井号	与场地之间的距离	背离场地的方向	深度（m）	使用状况

当地地下水流方向 （如果存在多个含水层，则分别对每个含水层进行评论）：	

污染物信息

碳氢化合物影响评估

地点	目视检查		PID 读数		所采式样		污染迹象（腐蚀斑、气味等）	在发现污染迹象时，对没有取样的情况做出的解释
	是	否	是	否	是	否		
油罐坑壁	□	□	□	□	□	□		
坑底垫层材料	□	□	□	□	□	□		
液下泵	□	□	□	□	□	□		
调配管线	□	□	□	□	□	□		
远程填充	□	□	□	□	□	□		
灌浆管线	□	□	□	□	□	□		
排浆管线	□	□	□	□	□	□		
其他（设施等）	□	□	□	□	□	□		
地表土层（请在图上显示）	□	□	□	□	□	□		

植被/土壤的移除

场地和场地附近植被情况：	□好	□差
是否受影响的土壤/基岩已从场地移除？	□是	□否
如果是，请说明移除的土方量、位置以及弃置地点？		

采样（位置如图所示）（确保样品数量与场地平面图中标出的一致）

样品	采样日期	地点	深度（m）	土壤类别	是否有气味？		保留/移除
					是	否	
					□	□	
					□	□	
					□	□	
					□	□	
					□	□	
					□	□	
					□	□	
					□	□	
					□	□	
					□	□	
					□	□	
					□	□	

注释				
当前场地用途：	□石油开采	□工业/商业	□居住	□农业
未来场地用途：	□石油开采	□工业/商业	□居住	□农业
邻近土地用途：	□石油开采	□工业/商业	□居住	□农业
地下水用途：	□饮用 □灌溉 □存储 □未被使用 □未知			
土壤类别： * 仅考虑地下水吸入风险	□沙、沙壤土、粉砂土 □土、粉土、粉质壤土、砂质黏土 □粉质黏土、黏土壤土、砂质黏土 □黏土		□浮石砂质粉 □砾石 S* □裂隙玄武岩* □泥炭/有机土壤	
污染深度：	□<1 m	□1～4 m	□>4 m	
地下水深度：	□2 m	□4 m	□8 m 未知 □	

影响人体健康的暴露途径

	途径	完全	不完全
目前场地用途 □石油开采 □工业/商业 □居住 □农业	土壤摄取/皮肤接触/挖掘工人吸入蒸汽/农产品摄入	□ □ □ □ □ □ □	□ □ □ □ □ □ □
未来场地用途 □石油开采 □工业/商业 □居住 □农业	土壤摄取/皮肤接触/挖掘工人吸入蒸汽/农产品摄入	□ □ □ □ □ □ □	□ □ □ □ □ □ □
相邻场地用途 □石油开采 □工业/商业 □居住 □农业	土壤摄取/皮肤接触/挖掘工人吸入蒸汽/农产品摄入	□ □ □ □ □ □ □	□ □ □ □ □ □ □

生态风险评估				
		遭受重大影响	受到有限影响	未受影响
生态受体：		□	□	□
对所有可能的受体进行描述：				

美学问题				
	遭受重大影响	受到有限影响	未受影响	对影响的描述（如适用）
气味	□	□	□	
土壤结构	□	□	□	
外观	□	□	□	
植被	□	□	□	
备注				

报告编写人：			
审核人：		日期	

1.5　补充信息

以下参考文献所包含的信息将会对编写污染场地报告起到作用。

1.5.1　新西兰

奥克兰地区委员会（1999 年）《奥克兰地区土壤和土壤改良剂中微量元素含量》。

坎特伯雷大学高级工程中心（2000 年）垃圾填埋导则：《新西兰可持续废物管理》。

环境部（1997 年）《新西兰受污染煤气厂场地评估与管理导则》。

环境部（1998 年）《土壤中有机氯的环境浓度》。

环境部（1999 年）《新西兰受石油烃污染场地评估与管理导则》（2011 年修订版）。

环境部（2003 年）《污染土地管理导则（2）：新西兰环境指导值层次结构与应用》（2011 年修订版）。

环境部（2004 年）《污染土地管理导则（5）：土壤现场调查与分析》（2011 年修订版）。

环境部（2004年）《污染土地管理导则（3）：风险筛选系统》。

环境部（2006年）《洗羊用防腐浸液场地相关的风险识别、调查与管理：当地部门导则》。

环境部（2011年a）《保护人体健康的土壤污染物标准制定方法》。

环境部（2011年b）《危险活动和行业列表》（HAIL）。

卫生部（1995年）《新西兰饮用水标准》。

卫生部/环保部（1997年）《关于用于木材加工化学品的健康与环境导则》。

劳工部职业安全与健康办公室（1992年）《地下石油存储系统设计、安装与操作实施规程》。

劳工部职业安全与健康办公室（1994年）《关于污染场地清理的健康与安全导则》。

劳工部职业安全与健康办公室（1995年）《石油存储罐及其相关废物运输与处理实施规程》。

劳工部职业安全与健康办公室（1995年）《地下石油存储系统设计、安装与操作实施规程——补遗1》、《现有地下石油存储系统管理》。

波西瓦尔HJ，韦伯TH，斯皮尔TW（1996年）《坎特伯雷土壤选定分析指标的背景浓度评估》。向坎特伯雷区域委员会提交的土地保护研究合同报告LC9596/133。

1.5.2 澳大利亚（新南威尔士州）

新南威尔士州农业和CMPS＆F咨询公司（1996年）《居住用地的牛蜱用防腐浸液场地清理的评估导则》。

新南威尔士州城市事务部和规划/环境保护局（1995年）《污染土地》《污染土地规划指南》。

新南威尔士州水资源部（1992年）《地下水采样实用指南》。

新南威尔士州环境保护局（1994年）《污染场地：机修站场地评估导则》。

新南威尔士州环境保护局（1995年）《对果园和市场花园污染的评估：污染场地探讨论文》。

新南威尔士州环境保护局（1995年）《污染场地：大面积农用地土壤垂直混合导则》。

新南威尔士州环境保护局（1995年）《污染场地：取样设计导则》。

新南威尔士州环境保护局（1995年）技术报告：《临时水质调查手册——采样与分析首选方法》。

新南威尔士州环境保护局（1997 年）《香蕉产地污染物分布研究》。

新南威尔士州环境保护局（1997 年）《香蕉种植园场地评估导则》。

新南威尔士州环境保护局（1999 年）《关于污染土地危害的重大风险指导以及上报职责》。

1.5.3 澳大利亚与新西兰环境保护委员会（ANZECC）

ANZECC（1992 年）《澳大利亚淡水和海水水质准则》。

ANZECC/NHMRC（国家卫生和医学研究理事会）（1992 年）《澳大利亚与新西兰污染场地评估与管理导则》。

ARMCANZ（澳大利亚与新西兰农业与资源管理委员会）/ANZECC（1995 年）《澳大利亚地下水保护准则》。

ARMCANZ/ANZECC（2001 年）《澳大利亚与新西兰淡水和海水水质准则》。

NHMRC/ARMCANZ（1996 年）《澳大利亚饮用水水质准则》。

1.5.4 国家环境保护委员会（NEPC）

NEPC（1999 年）《国家环境保护委员会（场地污染评估）措施》

包含的表格有：

附表 B（1）　土壤及地下水调查等级导则

附表 B（2）　数据的采集、样品设计和报告导则

附表 B（3）　关于可能受污染土壤的实验室分析准则

附表 B（4）　健康风险评估方法导则

附表 B（5）　生态风险评估导则

附表 B（6）　地下水污染风险评估导则

附表 B（7A）　卫生等级调查导则

附表 B（7B）　暴露情形与暴露设定导则

附表 B（8）　社区咨询与风险沟通导则

附表 B（9）　在场地污染评估期间关于健康与环境的保护导则

附表 B（10）　环境审查人员以及相关专业人员能力与资格准则

1.5.5 南澳大利亚州阿德莱德卫生委员会（国家环境与健康论坛）

Imray P，Langley A（1996 年）《土壤系列（1）：基于健康的土壤分级调查》。

Lock WH（1996 年）《土壤系列（3）：混合采样》。

Taylor R，Langley A（1996 年）《土壤系列（2）：暴露情景与暴露设定》。

1.5.6 南澳大利亚州阿德莱德卫生委员会（污染场地专题论文）

Edwards J，Van Alphen M，Langley A（1994 年）《对污染土地的识别与评估：污染场地系列（3）：提高场地的历史评价》。

El-Saadi O，Langley A（eds）（1991 年）《关于污染场地的健康风险评估与管理：关于污染场地的健康风险、评估与管理的全国研讨会议项》。

Langley A，Markey B，Hill H（eds）（1996 年）《关于污染场地的健康风险评估与管理：污染场地系列（5），关于污染场地的健康风险、评估与管理的第三次全国研讨会议项》。

Langley A，Van Alphen M（eds）（1993 年）《关于污染场地的健康风险评估与管理：污染场地系列（2），关于污染场地的健康风险、评估与管理的第二次全国研讨会议项》。

Olszowy H，Torr P，Imray P（1995 年）《污染场地系列（4），澳大利亚城市与郊区地区土壤微量元素含量》。

1.5.7 美国环境保护署

美国环境保护署（1987 年）《关于修复过程的数据质量目标》，美国环境保护署 540/G-87/003。

美国环境保护署（1988 年）《根据〈综合环境反应、补偿与债务法案〉对修复调查与可行性研究的指导》OSWER 指令 9355.3-0。

美国环境保护署（1989 年）《关于清理标准成果的评估办法，卷 1：土壤与固体介质》，美国环境保护署 230/02-89-042。

美国环境保护署（1989 年）《超级基金的风险评估指南，卷 1：人体健康评估手册（A 部分）》。

美国环境保护署（1991 年）《关于生态风险评估问题的总结报告》。

美国环境保护署（1992 年）《风险评估数据适用性导则》（A 部分与 B 部分）PB92-963356。

美国环境保护署（1992 年）《固体废物评估检测方法——物理/化学方法，第 3 版，SW-846》。

美国环境保护署（1994 年）《数据质量目标程序指南》，美国环境保护署，QA/G-4，EPA/600/R-96/055。

美国环境保护署（1997 年）《在超级基金场地、资源保留和回收矫正行动过程以及地下储油罐场地使用可控自然衰减技术》OWSER 指令 9200.4-17，固体废物与应急响应办公室。

1.5.8　其他参考文献

美国公共卫生协会、美国水工程协会与水环境联合会（1998 年）《关于净水与废水检验的标准方法》（第 20 版）。

美国试验与材料协会（1998 年）《在石油释放场地使用自然衰减修复地下水的指南》。

澳大利亚统计局（1993 年）《澳大利亚与新西兰标准产业规范》。

布里斯班紧急服务局（1992 年）《昆士兰州污染场地评估导则》。

澳大利亚标准（1997 年）《土壤中挥发半挥发性有机物采样与分析指南》，AS4482.1。

澳大利亚标准（1999 年）《土壤中挥发性物质的采样与分析指南》，AS4482.2。

第二章 新西兰环境指导值分级与应用（2011年修订）

新西兰环境部已竭力确保本导则所含信息完整、准确，但并不对其使用后果承担任何责任。无论在何种应用情况下，本导则都不应被视为能够为用户提供权威性的阐述。对于在本出版物中出现的对环境指导值引用的情况，读者须查阅参考文献或相关资源获得关于该值最新的制定过程与适用性的详细信息。在使用本类导则时，所有用户及其客户应确保其应用范围适用于实际情形，如对此无确定把握，应征求专家意见。

致谢

我们在此衷心感谢区域委员会与单一管理区的污染场地负责官员以及区域废弃物管理人员论坛的成员对本导则编写所做出的贡献。对本文件初稿提供建议的所有人员以及为终稿完成做出贡献的 Drs Jo Cavanagh 和 Kathy O'Halloran（土地保护研究所），我们在此一并表示感谢。

在新西兰环境部的指导下，环境指导值（EGV）数据库的初期编订工作由 Katipo 通讯有限公司承担完成。最终数据库由土地保护研究所创建完成。

实施纲要

本导则是由环境部发行公布的第二份关于污染场地管理的文件。为保证新西兰境内受污染场地最常使用的环境指导值选择与应用的一致性，特制定本导则。环境顾问与土地所有者在进行污染场地调查，以及委员会成员审查污染场地调查报告时，本导则将会对其起到帮助。

本导则对环境指导值分级的原理与依据以及新西兰污染场地从业者通常采用的文献进行了描述，并对其分级进行了制定。该分级规定了在评估污染场地时应用参考文献中所包含的指导值的等级顺序。该分级为：

1．基于风险的指导值制定过程的新西兰文件
2．基于风险的指导值制定过程的其他国家文件
3．阈值制定过程的新西兰文件
4．阈值制定过程的其他国家文件

环境指导值（EGV）数据库可作为本导则的参考手册使用。该数据库包含了参考文献所提供的以及在本导则中所讨论的所有的指导值，并且其内容可从以下环境部网站下载：

www.mfe.govt.nz/issues/hazardous/contaminated/egv-database.html。

由于各监管机构会对其发布的参考文献进行修订或更换，因此对此数据库请谨慎使用。然而，尽管参考文献可能会随时改变，但是分级却不会发生变化。

无论在何种情况下，在污染场地评估中使用本导则文件和 EGV 数据库时，用户都应该查阅参考文献，确定指导值的制定过程及其适用性。需要引起注意的是，用户不可将 EGV 数据库作为一系列简单的查询表使用：如在对污染场地评估应用指导值时，用户一定要完全熟悉该指导值的制定过程。

对于如何选择恰当的指导值以及如何对污染和污染物对环境造成的影响设定评估标准，本导则内容不提供详细的过程步骤。本导则只限提供指导内容。在某些情况下，严格遵照本导则和 EGV 限值可能会不适用于实际情况。只有在考虑到所有具体的场地条件和情况后，才可使用本导则将指导值应用到实际场地中。

本导则和 EGV 数据库不可用于替代原始的参考文献。在任何情况下，用户在使用本导则和 EGV 数据库时，都要对参考文献中指导值的最新制定过程和应用情况进行参照比较。

对于本导则和 EGV 数据库所引用的参考文献，本导则在结尾部分提供一份网站链接地址列表，以供登录下载。

2.1　简介

环境中存在着各种各样的污染物，它们存在于土壤、沉积物、水以及空气等介质中。因此，我们需要知道这些污染物的浓度在何种程度下会产生危害。包括新西兰在内的许多国家已采用数值量化表示污染物在环境介质中的含量，并以此

作为环境和人体健康保护的指标。在本导则中，这些数值被命名为环境指导值。

如果由场地污染导致污染物含量超出了这些指导值，则可对此采取多种措施，其中包括：

- 进一步的场地调查
- 场地修复或管理

通常情况下，指导值一般由国家监管部门（如：环境部，2011；1997；1999）或海外机构（如：加拿大环境部长理事会，2002，澳大利亚和新西兰环境保护委员会以及澳大利亚和新西兰农业和资源管理委员会，2000）制定。在新西兰，这些指导文件被大量用于对污染土地的评估中。

在这些文件中所包含的指导值也可被称作环境质量指导值、启动值、干涉值、最大可接受值、修复目标、筛选值或可接受标准，并已用于不同管理目的当中或作为定向研究结果（Cavanagh and O'Halloran，2002）。指导值涉及的受体类型很多，采用不同的方法和假设计算出这些受体类型的对应结果（Cavanagh and O'Halloran，2003）。

鉴于制定过程和应用目的的差异，在给定的评估情景中如何选择指导值或在调查以及污染场地管理中如何应用该指导值均有一定困难。

依据《1991 年资源管理法》对区域委员会和地方土地管理部门责任的描述，应定期与环境顾问以及其他利益相关方联络并对指导值的使用给出指导建议。建议内容应包括适合用于污染场地评估或管理的指导值种类、适用多套指导值的情况以及这些指导值在应用时的优先顺序。

然而，现在国家颁布了一部《保护人体健康的土壤污染物标准制定方法》（以下简称《方法》——环境部，2011 年版）。该方法与《保护人体健康的土壤污染物评估与管理国家环境标准（NES）》相一致。NES 的范围与应用情况表明导则（2）与相关的 NES 数据库的应用情况只适用于无适用的土壤污染物标准的情形并且评估人员选择不采用《方法》对指导值进行制定或者 NES 对此不适用。

在评估污染土地以及审查场地调查报告时，本导则可有助于风险评估人员对环境指导值进行选择和应用（与 NES 互补）。咨询顾问公司（及其客户）所要求提供的信息已在之前场地调查报告内容中（环境部，2001 年）明确要求。

本导则所列出的参考文献包含了新西兰污染场地从业者经常会用到的指导值，并对每个参考文献当中的指导值提供了背景信息以及为选择恰当的指导值提供了指导意见。

环境指导值（EGV）数据库可作为本导则的参考手册使用。EGV 数据库包含了参考文献以及本导则所涉及的所有指导值。该数据库保持了本导则所制定的分级，可为用户提供快速、便捷的指导值查询。然而，需要引起注意的是，用户不可将 EGV 数据库作为一系列简单的查询表使用：在场地调查报告中应用指导值时，用户一定要完全熟悉对该指导值的制定过程。

本导则和 EGV 数据库不可用于替代原始的参考文献。在使用本导则和 EGV 数据库时，强烈建议用户都要对参考文献中指导值的最新制定过程和应用情况进行参照比较，并检查数据库中的指导值是否被替换。

EGV 数据库内容可从以下环境部网站下载：

www.mfe.govt.nz/issues/hazardous/contaminated/egv-database.html。

2003 年版本中的变更内容

对本导则做出的更新较小，内容包括：

- 更新后的网址；
- 对其他文献以及政府部门引用的更新；
- 对《资源管理〈保护人体健康的土壤污染物评估与管理国家环境标准〉》的引用（自 2012 年 1 月 1 日起生效）。

2.2 所引用的参考文献

表 1 列出了在本导则编订过程中采用的所有文献。本表在编订时参考了对当地政府工作人员以及环境咨询顾问的调查。本表所包含的美国环境保护署土壤筛选导则文件（美国 EPA，1996a 和 b；美国 EPA，2001）为现行美国环境保护署区域筛选标准，其内容给出了对指导值的制定依据。目前由英国环境、食品与农村事务部（DEFRA）和环境局（EA）（DEFRA 和 EA 2004，2002；2010）正在制定发行的土壤指导值制定详细描述文件也包含在内，其所表述的制定值较为稳定，可应用于某些特殊情况。

多数情况下，对这些文献进行引用时通常会采用其通用名称或缩写名称（如：木材加工导则），缩写词将在表 1 中给出（方括号内的斜体字部分），这些文献根据环境介质的分类，为每种介质提供了一个指导值。参考文献列表给出了对每一个文件的完整引用信息，如文献有互联网参考，该相应信息也将在表 1 中给出。

本导则或 EGV 数据库并不包含所有国家的文献。对于海外国家及其司法部门颁布的文献，除已在新西兰广泛使用或与新西兰相关的以外，其他均未在本导则中引用。本导则并未对由美国能源部所支持的风险评估信息系统（RAIS）进行论述，内容中关于大约 1400 种污染物（包括放射性核素在内）的筛选方法和初步修复目标制定等相关信息可从以下网站获取：http://rais.ornl.gov。

表 1 EGV 数据库所引用或包含在内的参考文献

媒介	文献
土壤	关于土地污染影响人体健康的风险评估：土壤指导值及其相关研究发展概况，环境、食品与农村事务部和环境局（2002）[*土壤指导值*]
土壤	土地污染管理与污染土地报告典型程序 11. 英国布里斯托：环境局（2004）
土壤	CLEA 模型技术背景实时更新科学报告——SC050021/SR3. 英国布里斯托：环境局（2010）
土壤	土壤生态筛选值指南，美国环境保护署（2003） [*Eco-SSL*]
土壤、地下水	土壤修复通告，住房、空间规划和环境部，环境保护总局（2009） [*荷兰导则*] http://www.vrom.nl//international
土壤、地下水*	土壤与地下水的等级调查导则，国家环境保护委员会（1999）[*污染场地 NEPM*] http://www.ephc.gov.au
土壤、地下水	土壤筛选指导：技术背景文件（美国环境署，1996a）与用户指南（美国环境署，1996b）；有毒废物堆场污染清除基金场地土壤筛选等级制定补充导则（美国环境保护署，2001） [*美国环境署 土壤筛选指导*]
土壤、水	与之前羊用防腐洗液场地相关的风险识别、调查与管理环境部（2006 年）[*羊用防腐浸液导则*] http://www.mfe.govt.nz/
土壤、水	新西兰石油烃污染场地的评估和管理导则（2011 年修订版）环境部（1999 年）[*石油工业导则或碳水化合物导则*] http://www.mfe.govt.nz/
土壤、水	新西兰煤气厂污染场地的评估和管理导则，环境部（1997 年） [*煤气厂导则*] http://www.mfe.govt.nz/
土壤、水	关于用于木材加工化学品的健康与环境导则，环境部与卫生部（1997 年）[*木材加工导则*] http://www.mfe.govt.nz/
土壤、自来水、空气	区域筛选值，美国环保部（当前版本请上网查询） http://www.epa.gov/reg3hwmd/risk/human/rb-concentration_table/index.htm
土壤、水、沉积物、空气、动植物组织残余	加拿大环境质量准则，加拿大环境部长理事会 （当前版本请上网查询）** [*加拿大导则*] http://www.ccme.ca
水	澳大利亚与新西兰淡水和海水水质准则，澳大利亚和新西兰环境保护委员会以及澳大利亚和新西兰农业和资源管理委员会（2000） [*澳大利亚和新西兰环境保护委员会水质导则*] http://www.ea.gov.au/water/quality/nwqms/
水	新西兰饮用水标准（2008 年修订版），卫生部 http://www.moh.govt.nz
沉积物	海洋与河口沉积物化学品浓度范围内不良生物效应发生概率，环境管理 19(1)：81-97，Long 等人（1995）

注：*地下水数值主要依据澳大利亚和新西兰农业和资源管理委员会（ANZECC）（1992b）标准，在此澳大利亚和新西兰环境保护委员会以及澳大利亚和新西兰农业和资源管理委员会（2000）水资导则更具有相关性。

**这些文件会定期更新。此处所列参考文献的出版年份为本导则编制时的最近更新年份（2011 年 9 月）。

参考文献中指导值的引用会根据不同应用情况采用不同的名称。关于本导则中指导值的名称、用途以及制定过程将在章节 2.3 中作进一步论述。

EGV 数据库包含了参考文献中所有的环境指导值，除一些特殊情况外，本数据库为用户提供快速、便捷查询指导值的方法。由于环境部 1997 年与 1999 年版本关于地表水与地下水评估标准所依据的内容为已过时的加拿大或澳大利亚的数据（如：《澳大利亚淡水和海水水质准则》，ANZECC，1992b），因此 EGV 数据库并未将其内容包含在内。现行的新西兰饮用水标准与《澳大利亚与新西兰淡水和海水水质准则》（澳大利亚和新西兰环境保护委员会以及澳大利亚和新西兰农业和资源管理委员会，2000 年）中的水生生态系统保护指导值也未包含在 EGV 数据库内。对于其他情况的水源用途，应对原始文献进行引用（同样见章节 3.3.5 内容）。

与此类似，只有《加拿大环境质量准则》（加拿大环境部长理事会，2002 年及其随后修订内容）所制定的土壤、水生生物与社区环境（等同于饮用水）指导值包含在 EGV 数据库中。由于《铅导则》（卫生部，1998 年）设定了不同种类的铅浓度，并针对不同的铅浓度设定了不同的对应措施，因此铅的指导值并未包含在 EGV 数据库中。同样，《铅导则》也未对这些指导值的确定过程提供科学依据。建议用户直接对该导则进行引用。其内容可从健康部网站（www.moh.govt.nz）获取。

本导则和 EGV 数据库用户一定要确认数据库中的指导值与参考文献中的一致。鉴于我们对危险物质所表现出的毒性与风险的理解程度不断加深，并据此不断地对环境准则进行完善和评审，用户在使用指导值时一定要确保该值为当前发布的最新数值。

2.3 环境指导值制定过程

环境指导值的制定是一个相当复杂的过程，在应用指导值之前需要对其基本原理进行了解。多数指导值（尤其对于土壤）制定过程采用了标准的场景默认假设，这些假设与场地的实际情况有所出入。对土壤指导值的制定过程，不同国家根据不同的保护性目的不同也会影响到场地调查或修复产生不同的数值。与此类似，水源或地下水的用途或潜在用途（如饮用水或灌溉）将会对其制定保护性的指导值产生影响。

表 2 给出了在 EGV 数据库中参考文献（表 1）列出的所有指导值。本节将对这些指导值的制定过程进行简要介绍。如需要了解某些特定指导值制定过程场景假设条件的详细内容，请查阅相关的参考文献。

表 2 关于 EGV 数据库所包含的与表 1 所列参考文献提供的指导值的名称、目的[①]、数量以及保护依据

国家		名称	目的[①]	依据[②]	指导值数量	来源
新西兰	木材加工	检验标准	场地调查	HH/P	7	环境部与卫生部（1997）
	煤气厂	检验标准	场地调查	HH	19	环境部（1997）
	石油工业	检验标准	场地调查	HH	10	环境部（1999）
	洗羊用防腐浸液	土壤指导值	场地调查	HH	19	环境部（2006）
	饮用水标准	最大容许值（MAV）	饮用水	HH	～130	卫生部（2008）
澳大利亚	污染场地国家环境保护措施	健康调查等级（HIL）	场地调查	HH	26	国家环境保护委员会（1999）
		环境调查等级（EIL）	场地调查	Eco	11	
	澳大利亚与新西兰环境保护委员会水源质量	水质准则	可持续水源质量	Eco	81	澳大利亚与新西兰环境保护委员会/澳大利亚和新西兰农业和资源管理委员会（2000）
		沉积物质量导则	调查	Eco	34	
美国	联邦	土壤筛选等级（SSL）	场地调查	HH	110	美国环境保护署（2001）
		生态土壤筛选等级		生态	21	美国环境保护署（2003）
	区域筛选等级	人体健康媒介——特定筛选等级	场地调查	HH	～600	美国环保署(当前版本请上网查询)
		初步修复目标（PRG）	修复目标	HH	～460	美国环保署(当前版本请上网查询)
加拿大		土壤质量指导值	修复目标	整合	29	加拿大环境部长理事会（当前版本请上网查询）
		水质指导值	可持续水质、饮用水	Eco HH	94	加拿大环境部长理事会（当前版本请上网查询）

国家	名称	目的①	依据②	指导值数量	来源
英国	土壤指导值	场地调查	HH	10	环境、食品与农村事务部（当前版本请上网查询）
荷兰	干预值	紧急性修复评估	整合	75	VROM③（当前版本请上网查询）
	目标值	可持续土壤质量	生态	75	VROM③（当前版本请上网查询）
Long 等人（1995）	影响范围低	数据库 10%的研究发现会造成影响的浓度含量	生态	28	Long 等人（1995）
	影响范围中等	数据库 50%的研究发现会造成影响的浓度含量	生态	28	Long 等人（1995）

注：①超出该导限值所采取的措施，或在所规定的参考文献中该值的应用方式。

②整合 ＝ 对人体健康和生态毒理学数据的整合；Eco＝ 仅限生态毒理学数据；HH＝ 仅限人体健康数据；*P*＝ 危害植物毒性。

③VROM：原住房、空间规划与环境部；现为基础设施与环境部。

土壤、地下水、地表水的环境指导值是污染产地评估最常用到的数值。对于一个给定的环境媒介，指导值之间的基本差别是对人体健康和生态受体的保护依据。

环境指导值可以基于风险或基于阈值。基于风险的数值是由一个给定的暴露场景（对人体的保护过程）或对一个生态系统正常的物种比例的保护过程制定而来。阈值可由毒理学数据制定而来，该数据信息量充足，可用于计算基于风险的指导值。对于制定过程所需要的信息量不充足的情况，指导值也可被定义为阈值（如《铅导则》，卫生部，1998 年版）。关于由阈值所提供的保护等级无法在此予以确定。

对于每个参考文件所采用的和 EGV 数据库中所包含的指导值，其名称、目的（超出该导限值所采取的措施，或在所规定的参考文献中该值的应用方式）以及保护依据的概要情况已在表 2 中给出。以下内容对人体健康与生态受体保护标准制定方法进行了深入论述。论述内容的重点主要是土壤指导值的制定过程。关于地表水与地下水指导值的制定过程将分别在章节 2.3.4 和章节 2.3.5 进行论述。

2.3.1 人体健康保护指导值

制定人体健康指导值的毒理学依据为：

- 污染物浓度超过阈值浓度时可表现出毒性影响的每日允许摄入量（TDI），（阈值污染物）；
- 污染物在任何浓度下都可造成不良影响的超额癌症风险（非阈值污染物）。

本报告通篇对阈值和非阈值这两个术语进行了使用，并与区分致癌毒性和非致癌毒性物质的国家（包括新西兰）相一致。在此种情况下，非致癌物质将作为阈值污染物，并且指导值也会相应制定。一般情况下，会用最敏感的终点来设定指导值。

TDI 也可表示为危害商，该值为暴露量与每日最大可摄入量之间的比值。对于非阈值污染物（致癌物质），个体致癌风险可表示为在暴露于相关污染物的人群中可允许或可接受的致癌病例数量。例如，对于 1×10^{-4} 的可接受风险等级表明：每 10 000 个人当中在设定暴露情景下可允许增加一名癌症病例。1×10^{-5} 与 1×10^{-6} 风险等级分别表示在 100 000 个人与 1 000 000 个人当中允许增加一个致癌病例。在新西兰，所采用的风险等级为 1×10^{-5}，如果在其他国家采用了其他的风险等级，相应的指导值会向上或向下浮动。

土壤指导值的制定一般根据未来不同土地利用类型设定相应的暴露情景，通过风险计算得来。表 3 包含了本导则与 EGV 数据库参考文献中土壤指导值制定过程所采用的暴露场景，以及用于不同导则当中的可接受癌症风险等级。对于每一种暴露场景，指导值制定过程所采用的都是选定的暴露途径。这些途径一般情况下包括土壤直接摄入、颗粒物或挥发性气体吸入以及皮肤接触这几种暴露途径。对于居住与农业用地暴露场景（如考虑），除美国与澳大利亚之外，所有国家都在导则中将农产品摄入作为一种暴露途径。对于某些特定场景假设和指导值的制定，请参阅原始参考文献进行确认。

需要引起注意的是，对于本导则所引用的基于人体健康土壤指导值方面的文献，土壤摄入率通常情况下比在《方法》中所述的要高。这意味着，本导则中的土壤指导值一般要比采用《方法》中详细叙述的方法制定出的值更保守（低）。另外，本导则所标注的一些居住区限值不可用于家种农产品摄入途径。这是因为，对于一些污染物来说，这种情况所得出的限值明显要比采用《方法》得出的限值保守。

表 3　指导值指定暴露场景[a]

国家		可接受风险等级（非阈值污染物）	土地用途
新西兰	木材加工导则	10^{-5}	农业（100%农产品摄入） 居住区（10%，50%农产品摄入） 工业——已铺路，未铺路 维修
	煤气厂导则	10^{-5}	农业/园艺（100%农产品摄入） 标准居住区（10%，50%农产品摄入） 高密度居住区（无农产品摄入） 商业/工业 维修 绿地/娱乐场
	石油工业导则	10^{-5}	农业（100%农产品摄入） 居住区（10%，50%农产品摄入） 商业/工业 维修
	羊用防腐浸液导则	10^{-5}	生活区（50%农产品摄入） 标准居住区（10%农产品摄入） 高密度居住区（无农产品摄入） 绿地/娱乐场 商业/工业（未铺路面）
	饮用水标准	10^{-5}[b]	饮用水
澳大利亚	污染场地国家环境保护措施	未作说明	标准居住区[c] 与土壤暴露范围较少的居住区[d] 公园、娱乐用地、开放场地 商业/工业
	澳大利亚与新西兰环境保护委员会水质导则	未作说明	饮用水
美国	（SSL）	10^{-6}	居住区（无农产品摄入） 工业——室内工作者、室外工作者 建设
	区域筛选等级	10^{-6}	居住区（无农产品摄入） 工业——室内工作者、室外工作者
	区域筛选等级	10^{-6}	居住区（无农产品摄入） 工业

国家		可接受风险等级（非阈值污染物）	土地用途
加拿大		10^{-6}	农业 居住区/绿地 商业 工业
英国		未作说明	分配 具有与不具有农产品摄入的居住区 商业/工业
荷兰		10^{-4}	居住区（10%农产品摄入）

注：a. 各种场景可能看起来会有相似之处，但是这些场景的假设条件通常都是不同的，并且与《方法》（环境部，2011 年）中名称类似的场景也完全不同。

b. 不同风险概率下饮用水中的砷浓度。《新西兰饮用水标准》内容称“对于 6×10^{-4} 的皮肤致癌风险，由于分析的困难性，存在临时的最大容许值”。

c. 包括儿童日间看护中心、幼儿园、学前班以及小学校。

d. 包括完全和永久的已铺地面院落空间的住宅（如高层公寓）。

2.3.2　生态受体保护指导值

关于生态受体保护，其指导值的制定方式将取决于数据的类型（种类和终点的数量）和数量。一般情况下，标准的终点为最高无效浓度（NOEC）或最低有效浓度（LOEC）。基于生态毒理学数据的指导值所依据内容为取决于数据可用性的方法分级。由于基于风险的方法采用了统计外推程序或数据的几何平均数运算过程，因此会对该方法进行优先选择。这些方法要求提供大量的高质量数据。

例如，加拿大的学会根据 Long 和 Morgan（1990 年）提出的理论，采用“证据权重法”方法，要求三个研究至少需要 10 个最低检出浓度数据点，其中包括最少两个土壤无脊椎动物数据点以及两个农作物/植物数据点（加拿大环境部长理事会，1996 年）。荷兰的协会采用 Aldenberg 和 Jaworska（2000 年）所提出的统计外推方法要求对四种不同的生物分类群至少要有四种最高无效浓度（de Bruijn 等，1999 年）。美国的协会从最高优先级别依次采用所有毒性值的几何平均数为植物和土壤无脊椎动物建立了土壤生态筛选值。优先等级的审查过程将根据九条标准进行打分（最大分值为 2），评分内容包括毒理学终点和污染物生物利用率。一般情况下，基于风险的方法将用于水生生态系统指导值的制定过程。Long 等人已采用证据权重法方法制定出了沉积物质量标准。

对于优先选用的方法无充足可用数据时，在制定指导值时将通过特定的因子，利用可用数据外推出所需生态毒理学终点（如由 LC50 外推出未检出浓度），并/或对有限的数据量进行考虑，这些制定因子可在 2～1 000 之间（Cavanagh 和 O'Halloran，2002 年与 2003 年）。鉴于缺少可用的土壤生态毒性数据，外推因子方法已广泛用于对土壤指导值的制定过程。对于无数据可用的情况，荷兰导则利用定量构效关系（QSAR）从具有相同作用方式且结构相似的化合物中外推出了毒性数据。相平衡分配（EqP）方法通过对水生毒性数据做出外推也可用于对土壤毒性指导值的制定过程。通过这些方法所制定出的数值被定义为“阈值”。

关于澳大利亚的《土壤与地下水的调查等级导则》（国家环境保护委员会，1999 年）所提出的中期生态调查等级（EIL），由于没有相关的制定信息，因此也将被认作阈值。这些数值从澳大利亚与新西兰环境保护委员会 B 级采集获得，并且这些数据最初来源于加拿大环境部（1988 年）和理查德森（1985 年）以及来自澳大利亚四座城市的土壤调查数据。

关于在不同参考文献中所采用的生态毒理学终点、方法以及保护等级的概要信息已在表 4 中给出。

表 4 生态毒理学终点、方法以及保护等级

国家	终点	方法	保护等级*
荷兰	最高无效浓度	统计外推法 外推因子 EqP	95%（TV） 50%（IV） NAD
加拿大	最低有效浓度	证据权重法 外推因子	75%
澳大利亚 （澳大利亚与新西兰环境保护委员会水源质量导则）	最高无效浓度	统计外推法 外推因子	95%
美国生态土壤筛选等级	最高无效浓度	几何平均数	～50%

* 保护等级用一个生态系统的物种百分比表示。

注：TV = 目标值；IV = 干预值；EqP =相平衡分配；QSAR =定量构效关系；NAD =无法确定。

关于生态受体指导值，其信息含量一直处于增长状态，其内容包括生态毒性数据以及如何利用这些数据制定出便于监管机构使用的标准。在多数国家中《关于生态土壤质量导则与标准制定方法的批判性评论》（美国石油学会生物监测工作队编著，1999 年作为美国环境保护署出版物出版，2000 年，展品 1-1）也用于为生态指导值的制定过程提供有用的背景信息。该文件可从以下网址中找到：http://rais.ornl.gov。

通过附录所列网址可对其他补充标准进行查询。请注意，在应用来自这些链接地址的标准之前，应当分别向经验丰富的生态学家进行核实。

2.3.3 综合指导值

加拿大土壤环境质量指导值与荷兰干预值和目标值为基于人体健康与生态受体保护的唯一标准。关于土壤质量指导值，据上所述，人体健康保护与生态受体保护都有各自不同的指导值。对这些数值进行比较后，选择其中最低的数值作为最终的指导值。

荷兰的干预值具有相似的制定过程，但是关于目标值的假设条件，一些人认为生态系统中的生物要比人体更易暴露于水、沉积物与土壤中的污染物，因此，这些数值仅仅是以生态毒理学数据为依据的（de Bruijn 等人，1999）。

2.3.4 地表水

关于人类用水指导值的毒理学依据与上述内容相同，即危害商数（TDI）或可接受风险等级（在新西兰为 10^{-5}）。这些指导值以一定的暴露期间内，70kg 的成年人每天可消耗 2L 水为依据，通过风险计算得到。在新西兰暴露时间为 70 年，饮用水暴露途径所分配到的 TDI 比例不是固定的（通常为 10%）。

《澳大利亚与新西兰环境保护委员会水质导则》与《加拿大导则》所规定的水生生态系统指导值制定过程如上所述，当有足够的相关数据是可以以风险为依据进行计算。新西兰导则中关于水生生态系统的指导值主要以澳大利亚、加拿大和美国较早的数据为依据。

对于在这些文献中所提到的其他用水类型，如灌溉、储藏以及娱乐等，其指导值主要以阈值为基础，制定过程所提供的信息较为有限。

2.3.5 地下水

地下水质量可通过保护地下水水源的土壤浓度或直接设定地下水浓度标准对其进行监控。一般情况下，通过采用相平衡分配方程并考虑可预计发生的稀释过程，对土壤浓度进行反演计算，可制定得出土壤浓度指导值，并且该土壤浓度一般会超出给定的水质标准。稀释过程的发生原因会有很多，内容包括与污染土壤相关的水层渗滤/补给速度、含水层的尺寸以及含水层的深度。

《新西兰石油烃污染场地的评估和管理导则》（2011 年修订版）（环境部，1999 年）以及美国环境保护署制定的导则给出了用于保护地下水资源的土壤浓度。尽管指导值在制定过程中采用了适用于新西兰（环境部，1999 年）的参数，但是在新西兰的导则中并没有提供具体的稀释因子。美国环境保护署在导则中采用的默认稀释因子为 1 和 20。

当设定地下水浓度标准时，通常需要对地下水的潜在用途（如饮用、灌溉）进行考虑。荷兰干预值与目标值在考虑地下水浓度标准时有所例外。通过相平衡分配方法，地下水干预值可由土壤干预值制定得出，并且针对人均使用地下水情况（例如，如果制定值高于基于寿命周期内每天消耗 2L 水的数值，则该值将被降低）或者元素的检测极限（例如，如果制定值低于检测极限，则该值会被向上修正）进行校正。考虑到荷兰境内金属背景值的差异，在制定地下水金属污染物的目标值时对“浅”（少于 10 m）与“深”地下水进行了区分。地下水有机污染物目标值是从另一项研究中制定得出的，但住房、空间规划与环境部并未提供此值制定过程的相关信息。

2.3.6 有害物质和新生物体法案

《有害物质和新生物体（HSNO）法案》于 1996 年在新西兰通过，其目的在于保护人体与环境免受有害物质和新生物体带来的负面影响。该法案由环境保护局（EPA）管理，根据该法案，环境保护局的职能为对引进新西兰的有害物质和新生物体申请进行审议和裁决，这其中包括对之前审议通过的物质和生物体进行重新评估。

为保护人体健康和生态受体安全，HSNO 法案为 EPA 设定了危险物质暴露极限。暴露极限被定义为可合法存在于特定环境介质，如空气、水或土壤之中或沉积于植物表面（如植物的叶子）之上的有害物质的最大含量。

有两类暴露极限可用于界定危险物质。

- 耐受暴露极限（TEL） 用于保护人体免受有毒物质所造成的不利影响。该值为环境介质中某种物质在与人接触时其所产生的低风险毒性影响的浓度。
- 环境暴露极限（EEL） 用于保护除人体之外的生物体（包括植物）免受有毒物质所造成的不利影响。该值为环境介质中某种物质在非目标区域中所产生的低风险不良环境影响的浓度。

耐受暴露极限与环境暴露极限用于界定“新的”有毒物质和具有生态毒性的

物质，对于这些物质的评估将依据《有害物质和新生物体（HSNO）法案》进行。根据《有害物质（第 6、8 与 9 控制级别）条例》规定，当所评估物质转移至有害物质和新生物体范围内时，这两种极限也用于对其现存物质进行界定。当某种物质已采用耐受暴露极限或环境暴露极限界定时，禁止该物质在使用时其浓度超出所设定的暴露极限。少数几个耐受暴露极限与环境暴露极限已经设定并可从以下网站查询：www.epa.govt.nz。

2.4 指导值分级

污染场地评估时对现有指导值的选择顺序一般难以确定，这为确定何种标准用于何种情景带来了不确定性。

为解决这种不确定性问题，环境部为基于健康的标准编订了《制定方法》，以应用于新西兰土壤污染物的评估过程（环境部，2011 年）。根据《资源管理〈保护人体健康地土壤污染物评估与管理国家环境标准〉条例》，针对 12 种土壤优先污染物标准公示了以五种土地用途为依据的编制过程。

土壤污染物标准将用于替代新西兰导则之前所采用的“土壤验收标准”，其内容包含以下优先污染物：砷、硼、镉、铬、铜、无机铅、无机汞、苯丙吡、滴滴涕（DDT）、狄氏剂、二噁英和类二噁英多氯联苯（PCBs）以及五氯苯酚（PCP）等。

对于不属于优先污染物及不以保护人体健康为目的的污染物类型，有不同来源的参考文献明确了其指导值制定过程，以帮助污染场地从业者在评估过程中进行准备与审查。对污染场地进行评估时，这些文献将对首选的指导值进行指导，并在文献中以表格形式给出具体的值。参考文献中所提到的指导值并非都包含在表 2 中。

指导值在制定时对文献引用采用了以下原则。

- 新西兰的指导值在应用时优先于其他国家或地区的指导值。
- 利用风险评估方法制定出的指导值在应用时优先于作为阈值的指导值。

参考文献的整体来源与引用在建立时也依照了这些原则。文献组成和引用按照从高到低的顺序依次排列为：

1．新西兰制定的基于风险的指导值；

2．其他国家制定的基于风险的指导值，其中采用与新西兰所用方法相一致的风险评估方法与暴露参数制定的指导值应优先采用；

3．新西兰制定的阈值；

4．其他国家制定的阈值。

这种组成和引用的原因如下。

- 新西兰在当时已按国际上最先进的做法编订了相关文件。此类文件已经由国内与国际大量的同行评审，并被国家与地方政府所接受。在某些情况下，这些文献也可反映出新西兰常见的暴露途径（例如，家种农产品摄入），这种情况通常在国际文件中省略。
- 一方面，其他国家在处理污染场地问题上的时间要远比新西兰久远，因此在指导值制定方法制定上投入较大。事实上，其中一些方法已用于了新西兰一些指导值的制定过程。另一方面，国际上其他国家制定的指导值大多包含不一定适合新西兰状况的法规和社会因素假设，因此，只有在新西兰无此类指导值时，方可对其采用。

2.4.1　文献的分级

在环境介质和/或开发使用目的已确定的情况下，为帮助选择出恰当的指导值，为含有土壤和水指导值的文件分别建立相应的文献层次结构，在这些组别内，根据保护方式（如人体健康、生态受体）对这些文献做出了进一步细化的依据。然而，用户需要注意的是，在某种情况下，不同管辖区制定得出的指导值所采用的参数和暴露途径也是不同的，用户需要参考原始文献来确定所选用指导值的适用性。对于给定参考文献中存在多个指导值的情况（如澳大利亚与新西兰环境保护委员会和澳大利亚与新西兰农业与资源管理委员会，2011），用户需要参考表 2 来决定指导值所属的分级。

需要引起注意的是，这些指导文献的组成并不是分类排列的，它们是按字母顺序列出的。对最佳标准的最终选择过程一定要按照章节 2.5 规定的原则进行。由于新西兰、英国、加拿大与荷兰的标准是唯一在此种情形下将农作物消耗作为暴露途径的标准，因此要特别注意对居住用地的指导值所做出的选择。

表 5　关于土壤指导值的文献分级 [a]

保护依据	参考文献	组别
仅限人体健康[b]	《新西兰受污染煤气厂场地评估与管理导则》（环境部，1997 年）（仅限氰化物和酚类） 《新西兰受污染石油烃场地评估与管理导则》（2011 年修订版）（环境部，1999 年） 《与之前羊用防腐洗液场地相关的风险识别、调查与管理》（环境部，2006 年）[仅限六氯化苯（林丹，高丙体六六六）]	NZRB

保护依据	参考文献	组别
仅限人体健康[b]	《土壤与地下水的调查等级导则》(国家环境保护委员会，1999)(仅限健康调查等级、居住用途用地) 《土地污染管理与污染土地报告典型程序》11. 英国布里斯托：环境局(2004 年)后续更新可从以下网址查询： http://www.environment-agency.gov.uk/research/planning/64015.aspx 土壤筛选指导：《技术背景文件》(美国环境保护署，1996a)与《用户指南》(美国环境署，1996b)；《有毒废物堆场污染清除基金场地土壤筛选等级制定补充导则》(美国环境保护署，2001) 《区域筛选标准》，美国环保部，当前版本请上网查询： http://www.epa.gov/reg3hwmd/risk/human/rb-concentration_table/index.htm	IRB[c]
	《土壤与地下水的调查等级导则》(国家环境保护委员会，1999)(除居住目的之外的所有土地用途)	ITB
人体健康和生态受体	《加拿大土壤环境质量导则》(加拿大环境部长理事会，2002，后续更新内容请上网查询：http://st-ts.ccme.ca/) 《土壤修复通告》(基础设施与环境部，2009)[d]	IRB
仅限生态受体	《生态土壤筛选等级指导》美国环境保护署(2003)	IRB
	《土壤与地下水调查等级导则》(国家环境保护委员会，1999)(生态调查等级)	ITB
地下水	《新西兰受污染石油烃场地评估与管理导则》 (2011 年修订版)(环境部，1999 年)	NZRB
	《土壤筛选指导》[e](美国环境保护署，1996a 与 b)	IRB

注：NZRB = 新西兰基于风险的；IRB = 国际基于风险的；NZTB = 新西兰基于阈值的；ITB =国际基于阈值的。

a. 在每种类别之内没有为文献建立分级。

b. 现行基于行业特征的新西兰导则的基本前提是：对现场生态系统的保护只需达到便于土地使用的程度即可(如植物生长与牲畜养殖)。鉴于这些导则并没有如加拿大和荷兰文献中那样考虑对生态系统进行全面的保护，因此这些导则被定义为只限于对人体健康的保护。

c. 英国、加拿大和荷兰导则是唯一将农产品摄入包含在内的标准(新西兰除外)。

d. 关于保护人体健康的荷兰标准以居住用地为依据，但是多数干预值是以生态系统保护为依据，这是因为干预值比保护人体健康制定得出的导限值要低。因此，这些值的应用范围要比只适用于居住用地用途的场景更广泛。

e. 美国环境保护署第 6 区、第 9 区指导文件也提供了地下水指导值。但是，这些值都起源于美国环境保护署，1996a。

表 6　关于地表水、地下水与沉积物的文献分级

保护依据	参考文献	组别
人体健康	《新西兰饮用水标准》2005（2008 年修订版）（卫生部，2008 年）	NZRB
	《澳大利亚与新西兰淡水和海水水质准则》 （澳大利亚与新西兰环境保护委员会和澳大利亚与新西兰农业与资源管理委员会，2000）① 《加拿大土壤环境质量导则》（加拿大环境部长理事会，2002） 《土壤修复通告》（基础设施与环境部，2009）	IRB
生态系统	《澳大利亚与新西兰淡水和海水水质准则》 （澳大利亚与新西兰环境保护委员会和澳大利亚与新西兰农业与资源管理委员会，2000）①	NZRB
	《加拿大土壤环境质量导则》（加拿大环境部长理事会，2002，后续更新内容请上网查询：http://st-ts.ccme.ca/）	IRB
牲畜②	《与之前羊用防腐洗液场地相关的风险识别、调查与管理》（环境部，2006 年）	NZTB
农业与娱乐用途②	《关于用于木材加工化学品的健康与环境导则》 《化学试剂》（环境部与卫生部，1997） 《新西兰受污染煤气厂场地评估与管理导则》（环境部，1997） 《新西兰受污染石油烃场地评估与管理导则》 （2011 年修订版）（环境部，1999 年）	NZTB
	《澳大利亚与新西兰淡水和海水水质准则》 （澳大利亚与新西兰环境保护委员会和澳大利亚与新西兰农业与资源管理委员会，2000）①	ITB
沉积物	《土壤修复通告》（基础设施与环境部，2009） 海洋与河口沉积物化学品浓度范围内不良生物效应发生概率，环境管理（Long 等人，1995）	IRB

注：NZRB = 新西兰基于风险的；IRB = 国际基于风险的。

①这些章节中采用的是特定用于澳大利亚的数据，因此《澳大利亚与新西兰淡水和海水水质准则》被归类为与人体健康、农业与娱乐用途相关的基于风险的国际文献。与此相反，关于生态系统保护指导值的制定过程采用的是新西兰生态毒性数据，因此这些指导值被定义为新西兰基于风险的标准。

②这些指导值并未包含在 EGV 数据库中，但是，为显示出这些值确实存在，本表简要提及了这些数值。读者需要参考原始文件来确定其制定过程依据。

当发现某参考文献或其包含的指导值没有包含在数据库中时，这不一定意味着这些标准不可用于污染场地的评估中。对于其他国家的指导值，其应用条件为：

1．符合本导则在分级规定的要求。

2．用户可证明该指导值的制定方法与新西兰基于风险的方法一致，或者证明虽然该指导值在制定时采用了不同的方法，针对场地特定情况的应用是适合的。

3．该标准所选用的暴露途径符合受评估场地的实际。

对任何污染场地进行评估时，用户须借助此分级特征选出恰当的指导值（见章节 2.5 内容）。无论出于何种原因，指导值的选择过程偏离了以上建立的分级过程，用户需要对此给出偏离理由并在污染场地调查报告中做出完整记录。关于场地调查报告的最低信息要求已在之前陈述[见《污染场地管理导则（1）：新西兰污染场地报告》（2011 年修订版）（环境部，2001 年）]。

尽管本导则与 EGV 数据库可作为污染场地从业者的一种辅助工具使用，但用户还须熟悉这些污染场地评估中常用到的指导值的制定过程。

2.4.2 EGV 数据库

表 2 给出了在 EGV 数据库中包含的以及在参考文献（表 1）中所列出的所有指导值。该数据库可为用户提供快速、便捷的指导值查询方法。除此之外，在数据库中，标准的排列顺序与所建立的分级一致，即在适用情况，新西兰基于风险的标准排列于其他标准之前。但是，需要引起注意的是，用户需要熟悉数据库中标准制定的基本原理和假设条件，不可单纯将 EGV 数据库作为一系列简单的查询表使用。

EGV 数据库中所包含的标准有些已经有所替换。因此，在使用本数据库中的指导值时，用户需要对此种状况进行检查确认，并与负责公布该值的组织机构确认其适用性。

2.5 环境指导值的应用

在章节 2.4 中，我们对新西兰与国外各种文献给出的指导值建立了分级，以便于在污染场地评估中应用。但是，在应用分级之前，一定要理解这些环境指导值的应用原则以及影响其适用性的因素。该过程应确保在进行污染场地评估与管理时，能够选择出恰当的指导值。

对于所需指导值不包含在 EGV 数据库中的情况，以下论述内容给出了一些可应用分级的原则并提供了其他可选信息资源。

2.5.1 应用原则

在章节 2.4 中建立的指导值分级在应用时应符合下列原则。

原则 1

在《资源管理法案（1991）》中，“可持续管理”指的是对自然资源和物质资源的使用、开发和保护的管理方式与进度可使人们和社区能够获得社会、经济以及文化上的满足和确保安全与健康。因此，在对污染场地应用指导值时应确保其适合用于场地本身以及该场地未来的用途。例如，如需将工业场地重新划分为绿地时，应确保对该场地进行的修复与管理程序符合绿地标准要求而非工业标准要求。同样地，在场内及其附近一定要考虑到所有受体（人体与生态环境）。

原则 2

在国际上有很多对污染场地开展评估的环境指导值。编订本导则时所引用的以及在 EGV 数据库中所提供的指导值与文献都已由新西兰污染场地从业者确认为最常用的文件，或为需要引起注意的重要文献。

对于无新西兰指导值可用的情况，可采用三种方法从国际相关文献中选择一个指导值。

1．所采用的为最低且最适用的（最保守的）指导值。

2．用户列出所有经过认定的国际指导值，但是只选择一个进行使用，并对其所选的那个指导值进行解释说明。

3．在无任何标准可采用的情况下，根据《制定方法》（环境部，2011 年）进行特定场地评估。详细信息请参阅章节 2.5.3.1 与章节 2.5.3.3 内容。

尽管可用的参考文献数量不断增多，但是对于某些特定的污染物，偶尔也会无任何指导值可用的情况出现。在此种情况下，采用特定场地评估也是较为恰当的方法。

2.5.2　考虑因素

需要引起注意的是，在未考虑下列因素的情况下，不可将 EGV 数据库中的指导值随意地应用到某个场地情景。

2.5.2.1　背景污染物浓度

在所有的污染场地评估中，对背景浓度数据的确定与使用是非常必要的，这有助于判断所产生的污染物是否由人为活动造成并进行合理的风险评估。根据土壤类型、地质情况以及其他因素，污染物的背景浓度会随区域变化而发生较大的变化。在理想情况下，一个地区污染物的背景浓度将由该次调查决定。但是，在此种情况不可行时，可参考下列文献方法：

- 《保护人体健康的土壤污染物标准制定方法》附录 6：《表层土壤中砷与镉的自然背景数据集》（环境部，2011 年）；

- 《丰盛湾土壤农药化学品残留物背景值：初步技术调查》（由 SEM NZ 有限公司编制，2005 年 3 月）；
- 《塔斯曼区园艺和放牧土壤中的历史农药残留》（SK Gaw，2003 年 6 月）；
- 《坎特伯雷土壤待测物质背景浓度的评估》（坎特伯雷区域委员会，1996 年）；
- 《奥克兰地区土壤和土壤改良剂中微量元素含量》（奥克兰区域委员会，1999 年）；
- 《奥克兰地区土壤中无机元素的背景浓度》（奥克兰区域委员会，2001 年）；
- 《惠灵顿地区常见污染物背景浓度测定》初稿（大惠灵顿 URS 新西兰有限公司，2003 年 7 月）。

这些文献包含了新西兰指定区域中土壤无机污染物的背景浓度。如果文献对相关于评估区域环境介质中污染物浓度进行了详细描述，则该文献也可用于评估污染物的检出浓度是否高于背景浓度，并以此决定是否需要进行进一步的评估。

除此之外，尽管有机氯污染物（如有机氯农药和二噁英）通常不被认为是自然产生的（虽然一些天然的二噁英污染源确实存在），但是受大气循环作用，它们往往以较低水平存在于环境当中。以下文献给出了新西兰土壤、河流以及河口中有机氯的环境浓度指标。

- 《土壤中有机氯的环境浓度》（Buckland 等人，1998a）；
- 《河流中有机氯的环境浓度》（Buckland 等人，1998b）；
- 《河口中有机氯的环境浓度》（Scobie 等人，1998b）。

一些环境咨询机构以及分析实验室也可能掌握关于环境中污染物背景浓度的信息。

2.5.2.2 生态受体

为保护自然资源，需对场地内或附近的生态受体进行考虑。在本导则中引用的以及在 EGV 数据库中提供的大多数文献都考虑了人体或者生态的影响。尽管新西兰文献中的指导值也将保护场地内的生态系统包含在内以便于土地的利用（如植物种植与牲畜养殖），但加拿大与荷兰的土壤指导值是唯一基于人体和生态受体这两种保护受体的标准。关于指导值（将生态终点考虑在内的指导值）的制定依据在章节 2.3 中已给出。对于无恰当指导值的情况，须进行生态风险评估（见章节 2.5.3.3 内容）。

2.5.2.3　特定场地条件

并不是所有的受调查场地都符合指导值制定过程所设定的暴露场景条件或参数（如途径/受体）。在标准制定过程中也可能会遇到未曾涉及的情况，如敏感人群或特殊的场地特征。这些因素应在场地概念模型建立与应用时就确定，并在必要时对特定场地评估或选择其他可用的指导值进行解释说明。

2.5.2.4　多污染物的累积效应

“累积效应”可用于描述同一场地内多种污染物或不同场地向同一环境受体产生污染所造成的附加效应或协同效应。

对于累积效应的程度与性质以及如何在给定场对其进行调查、监测和管理目前还存在很多争议。对这些内容的讨论不在本导则范围之内，但对 EGV 数据库中的大量从单一化学剂量或效应假设中制定得出标准的除外。因此，对于有多种化学品或暴露情形组合的情况，一定要注意这些化学物质在组合时与单独作用时对比所增加或减少的效应。

在必要时，对于具体的问题，用户应向毒理学家咨询获得建议。

2.5.3　无指导值可用的情况

当在 EGV 数据库和其他在国际上发表的参考文献中无法找到可用的恰当指导值或污染源浓度、途径、处于评估当中的暴露场景时，可根据以下方法制定出恰当的、经济有效的特定场地指导值。

2.5.3.1　人体健康

在《制定方法》（环境部，2011 年）中描述的一种方法可制定出恰当的特定场地指导值。在采取这种方法之前，用户需熟悉本导则内容或寻求专业的技术建议。

在评估过程中，基于风险的特征场地指导值的制定过程采用更详细和非通用性的信息，该过程已在很多文献（如环境部，1997 年，1999 年，2011 年版）中进行了不同程度的阐述。

关于基于人体健康风险的指导值的制定过程，其所采用的《方法》中的一般步骤如下（经环境部与卫生部 1997 年修改后得出）：

1．根据场地报告中化学品浓度与安全性数据对所涉及的化学品进行初步评估。

2．识别出人体暴露途径。

3. 在《方法》（环境部，2011 年）所描述的范围内，估计出每种所涉及的化学品可能会对人体产生暴露的途径。

4. 依据动物实验、职业卫生以及流行病学数据估算对人体健康所造成的影响。

5. 制定出不会对人体健康造成不可接受风险的土壤污染物浓度。

由美国能源部所支持的风险评估信息系统提供了一种对指导值进行选择的网上系统，其内容可从以下地址链接进行查询：http://rais.ornl.gov。

用户必须确保在这些模型当中所采用的假设条件适用于所涉及的场地，并可被所有利益相关方接受。

2.5.3.2 饮用水

当水体作为饮用水资源时，于 2005 年编订的《新西兰饮用水标准》（2008 年修订版）无恰当可用的指导值（在此被称为最大容许值，或 MAV）时，应参考使用下列文献：

- 《澳大利亚饮用水水质准则》（国家卫生和医学研究理事会/澳大利亚与新西兰农业与资源管理委员会，1996 年）
- 《饮用水水质准则》（世界卫生组织，1993 年及其补遗，1998 年）。

如果这两种文献均未对指导值的恰当选择给出说明或指导，应与当地的医疗卫生官员联络，寻求适当的建议。

2.5.3.3 生态风险评估

生态风险评估（ERA）主要针对污染物对不以人体作为受体时所造成的影响，其内容包括陆地生态系统和水生生态系统中的植物群和动物群以及种类繁多的微生物、无脊椎动物和脊椎动物。在国际上，生态风险评估在研究与监管应用已被越来越多的人所采用。对于与新西兰特定相关的信息以及与生态风险评估相关的总体信息可从下列网站查询：www.landcareresearch.co.nz。

此网站旨在帮助环境风险管理者对污染场地做出合理的生态风险评估，以及制定出主要污染物在土壤、地下水、地表水环境中的新西兰特定环境耐受水平。

参考文献

[1] Aldenberg T，Jaworksa J. 2000. 《关于正常物种分布所受影响的危险浓度与百分比的不确定性》. *生态毒理学和环境安全*，46：48-63.

[2] 澳大利亚与新西兰环境保护委员会，澳大利亚与新西兰农业与资源管理委员会 2000.《澳大利亚与新西兰淡水和海水水质准则》澳大利亚堪培拉：澳大利亚与新西兰环境保护委员会，澳大利亚与新西兰农业与资源管理委员会.

[3] 澳大利亚与新西兰环境保护委员会 1992a. 《澳大利亚与新西兰污染场地评估与管理导则》. 澳大利亚堪培拉：澳大利亚与新西兰环境保护委员会.

[4] 澳大利亚与新西兰环境保护委员会 1992b. 《澳大利亚淡水和海水水质准则》. 澳大利亚堪培拉：澳大利亚与新西兰环境保护委员会.

[5] 奥克兰区域市政局 1999.《奥克兰地区土壤和土壤改良剂中微量元素含量》第 76 号工作报告奥克兰：奥克兰区域委员会.

[6] 奥克兰区域市政局 2001.《奥克兰地区土壤中无机元素的背景浓度》，技术类出版物 153 奥克兰：奥克兰区域委员会.

[7] Buckland SJ，Ellis HK，Salter RT.1998a. 《土壤中所用有机氯的环境浓度》. 惠灵顿：环境部.

[8] Buckland SJ，Jones PD，Ellis HK 等人 1998b. 《河流中所用有机氯的环境浓度》. 惠灵顿：环境部.

[9] 坎特伯雷区域市政局. 1996.《对坎特伯雷土壤已选定欲测物背景浓度的评估》. 第 U96/39 号报告克赖斯特彻奇：坎特伯雷区域委员会.

[10] Cavanagh JE，O'Halloran K. 2002. 国际土壤标准与数值制定概览：与 11 月 6～8 日召开的第 14 届 WASTMINZ 会议论文集.

[11] Cavanagh JE，O'Halloran K. 2003.《受污染土地管理的国际立法框架——数值的制定与应用》土地保护研究合同报告：LC0203/110，40 p.

[12] CCME（加拿大环境部长理事会）1996.《关于环境与人体健康土壤质量指导值制定的协定》. 加拿大环境部长理事会文件加拿大马尼托巴省.

[13] CCME（加拿大环境部长理事会）2002.《加拿大环境质量导则》. 内容可从以下网址查询：http://www.ccme.ca/publications/can_guidelines.html.

[14] De　Bruijn J，Crommentuijn T，Van Leeuwen K 等人. 1999. 《荷兰环境风险极限》RIVM 报告 601604001，荷兰比尔特霍芬：国家公共卫生和环境研究所.

[15] DEFRA 和 EA（环境、食品与农村事务部和环境局）. 2002.《关于土地污染影响人体健康的风险评估：土壤指导值及其相关研究发展概况》CLR7 号报告英国布里斯托：环境局 DEFRA 和 EA（环境局），2004 年.

[16] 《土地污染管理与污染土地报告典型程序 11》. 英国布里斯托：环境局.

[17] EA（环境局），2010 年 CLEA 模型技术背景实时更新科学报告 SC050021/SR3 英国布里斯托：环境局.

[18] 加拿大环境部. 1988. 关于加拿大土壤修复标准的编订过程第 11 卷. 引用来自《澳大利亚与新西兰污染场地评估与管理导则》. 澳大利亚堪培拉：澳大利亚与新西兰环境保护委员会.

[19] Long ER，MacDonald DD，Smith SL 等人. 1995. 海洋与河口沉积物化学品浓度范围内不良生物效应发生概率. 环境管理，19（1）：81-97.

[20] Long ER，Morgan LG. 1990. 根据国家现状与发展趋势测定的泥沙吸附污染物的潜在生物效应. 引用来自《关于环境与人体健康土壤质量指导值制定的协定》. 加拿大环境部长理事会文件（加拿大马尼托巴省）.

[21] 环境部 1997.《新西兰受污染煤气厂场地评估与管理导则》. 惠灵顿：环境部.

[22] 环境部 1999.《新西兰受污染石油烃场地评估与管理导则》（2011 年修订版）. 惠灵顿：环境部.

[23] 环境部 2001.《污染土地管理导则（1）：新西兰污染场地报告》（2011 年修订版）. 惠灵顿：环境部.

[24] 环境部 2006.《与之前羊用防腐浸液场地相关的风险识别、调查与管理：当地部门指导》. 惠灵顿：环境部.

[25] 环境部 2011.《为保护人体健康关于土壤污染物标准制定的方法》. 惠灵顿：环境部.

[26] 卫生部 1998.《关于铅环境暴露人群的环境案例管理》. 惠灵顿：卫生部.

[27] 卫生部 2008.《2005 年新西兰饮用水标准》（2008 年修订版）. 惠灵顿：卫生部.

[28] 基础设施与环境部 2009.《2009 年土壤修复通告》，相关内容可从下列网址查询：http://www.ministryofinfrastructureandtheenvironment.nl/topics/the-environment/roles_and_responsibilities_ of_the_ministry/.

[29] 住房、空间规划与环境部 2000.《关于土壤修复目标值与干预值的通告》. 荷兰比尔特霍芬：住房、空间规划与环境部，环境保护总局.

[30] 国家环境保护委员会 1999.附表 B（1）. 土壤与地下水的调查等级导则《1999 年国家环境保护（场地污染评估）措施》. 澳大利亚堪培拉：国家环境保护委员会内容可从以下网址查询：http://ww.ephc.gov.au.

[31] 国家卫生和医学研究理事会/澳大利亚与新西兰农业与资源管理委员会 1996.《澳大利亚饮用水导则》.

[32] Richardson GM 1985. 修复标准与标准选择方法编录，引用来自《澳大利亚与新西兰污染场地评估与管理导则》. 澳大利亚堪培拉：澳大利亚与新西兰环境保护委员会.

[33] Scobie S，Buckland SJ，Ellis HK 等人 1999.《河流中所用有机氯的环境浓度》. 惠灵顿：环境部.

[34] URS 新西兰有限公司，2003.《惠灵顿地区常见污染物背景浓度测定》（初稿）. 惠灵顿：

大惠灵顿.

[35] 美国环境保护署 1996a. 《土壤筛选指导：技术背景文献》. 华盛顿特区美国环境保护署. 内容可从以下网址查询：http://www.epa.gov/superfund/resources/soil/index.htm.

[36] 美国环境保护署 1996b.《土壤筛选指导：用户指南》. 华盛顿特区：美国环境保护署. 内容可从以下网址查询：http://www.epa.gov/superfund/resources/soil/index.htm.

[37] 美国环境保护署 2003.《生态土壤筛选等级指导》（初稿）. 华盛顿特区：美国环境保护署. 内容可从以下网址查询：http://www.epa.gov/superfund/programs/risk/ecorisk ecossl.htm.

[38] 美国环境保护署 2001.《有毒废物堆场污染清除基金场地土壤筛选等级制定补充导则》（业内评审初稿）. 华盛顿特区：美国环境保护署. 内容可从以下网址查询：http://www.epa.gov/ reg3hwmd/risk/human/rb-concentration_table/index.htm.

[39] 世界卫生组织 1993 及其补遗 1998.《饮用水质量导则》. 日内瓦：世界卫生组织.

附录 生态风险评估、生态毒性数据与生态指导值网站

根据地理位置划分的指导值网站

北美

美国环境保护署（人体健康土壤筛选值）

http://www.epa.gov/reg3hwmd/risk/human/rb-concentration_table/index.htm

环境健康危害评估办公室（OEHHA） http://www.oehha.org/ecotox.html

加拿大环境部长理事会（环境质量值） http://http://st-ts.ccme.ca/

欧洲

英国环境局 http://www.environment-agency.gov.uk/research/planning/33714.aspx

基础设施与环境部（目标值与干预值）

http://www.ministryofinfrastructureandtheenvironment.nl/topics/the-environment/roles_and_responsibilities_of_the_ministry/

世界范围内土壤与地下水质量指导值表格汇总

http://www.sanaterre.com/guidelines/index.html

澳大利亚

国家环境保护委员会（环境调查值与干预值）http://www.ephc.gov.au

土地保护研究 www.landcareresearch.co.nz

关于生态风险评估信息的网站

美国环境保护署 http://rais.ornl.gov/guidance/epa_eco.html

土地保护研究 www.landcareresearch.co.nz

关于生态毒性数据的网站

土地保护研究 www.landcareresearch.co.nz

橡树岭国家实验室 http://rais.ornl.gov/tools/eco_search.php

美国地质调查所（哥伦比亚环境研究中心）http://www.cerc.usgs.gov/data/data.htm

美国环境保护署（生态毒理学） http://www.epa.gov/ecotox

毒理学数据网络 http://toxnet.nlm.nih.gov

第三章 风险筛选系统

> 环境部已竭力确保本导则所含信息完整、准确，但并不对其使用后果承担任何责任。无论在何种应用情况下，本导则都不应被视为能够为用户提供权威性的阐述。在使用本类导则时，所有用户及其客户应确保其应用范围适用于实际情形，如对此无确定把握，应征求专家意见。

致谢

我们在此衷心感谢所有为本导则编写做出贡献的人，包括新西兰各区域委员会与单一管理区的代表。

感谢环境部安博士、巴克兰博士（Dr. Simon Buckland）所做出的贡献。

在此还要感谢 Pattle Delamore Partners，尤其是格雷姆·普罗菲特（Graeme Proffit）和理查德·露西（Richard Lucy）对本导则和模板所做出的贡献。

实施纲要

本导则对风险筛选系统（RSS）的应用与背景条件进行了描述。本系统旨在通过采用随时可用的信息提供一种全国统一的方法，在不考虑场地位置与评估执行者身份的情况下对已污染或疑受污染的场地进行分级。对场地进行分级的目的在于筛分出需要开展进一步调查的场地优先级别。

RSS 为环境部于 1993 年发行的《快速危害评估系统》的简化版本。RSS 的基本依据为由污染源、暴露途径和受体所组成的一个风险计算过程。如果这三个基本要素同时存在，则意味着会存在某种程度的风险；如果计算过程中缺少或几乎缺少任何一个要素，则意味着没有风险或存在少量的风险。

风险计算中污染源与暴露途径由各种参数决定，这些参数被赋予不同数值，以反映出危害性的程度或者面向受体的暴露途径的完整度以及受体的敏感性。危害参数包括危害物质的毒性和数量，暴露途径的参数包括危害深度或其与受体之间的距离，这些参数将用于对途径完整性的估计。

有三种暴露途径一般会进行单独分析：地表水暴露情况、地下水暴露情况以及与土壤直接接触的情况。如场地风险被分为低级、中级、高级，暴露途径展现为最极端的场景。在应用风险筛选系统（RSS）时，用户需要在评估期间对每一块场地开展大量的分析工作，评价出过去活动和当前用地方式情景下各种物质所构成的风险等级。

为使分析过程能够快速进行，可采用人工录入或电子数据表的方式通过风险筛查系统（RSS）模板进行筛查活动。采用该模板的电子版时，其内置帮助和错误检查功能会带来很多方便。RSS 电子模板已包含在本导则所附 CD-ROM 中，或可从环境部网站上下载：www.mfe.govt.nz。

该系统可在两种模式下运行：

- 标准模式：在此模式中每种参数必须都被赋予相应数值。
- 特殊模式：该模式为简化版本，危害参数可以被省略。

一般情况下，采用标准模式即可。此模式可允许对《危险活动和行业列表》（HAIL）中定义的类似场地或不同场地进行比较并定出优先级别。由于标准模式只粗略给出了低级、中级、高级这三个级别，此模式不适用于对相似类型或风险的场地进行细化分级。

如需要找出相似危害性质的场地之间的差别，则可采用特殊模式。这种模式所涉及的场地一般情况下会具有相同的 HAIL 类型，或者虽然 HAIL 类型不同，但是其所含有害物质为同一种类且检测出的含量相似。在分级时，不可将特殊模式与标准模式分别得出的分值进行比较，但是在类似场地的组别中可采用此种比较方式进行优先级别划分。

3.1 简介

本导则旨在为污染场地详细调查之前的分级和优先排序提供一种全国统一的方法。其目的为：在不考虑场地位置与评估执行者身份的情况下，场地能够按照统一的方法分级。

本导则之前的场地评估系统为根据《全国污染场地分类体系》（加拿大环境部长理事会，1992 年）要求制定的《快速危害评估系统》（RHAS）（环境部，1993

年），之前的版本被认为程序过于复杂，不利于快速筛选，因此修订后的《风险筛选系统》（RSS）对其进行了简化处理。然而，这并不意味着 RSS 可完全替代之前的 RHAS，在危害评估要求更为苛刻的情况下，RHAS 仍然是较为适合的。

RSS 的基本依据为由污染源、暴露途径和受体所组成的一个风险计算过程。如果这三个组成部分同时存在，则意味着会存在某种程度的风险；如果方程中缺少或几乎缺少任何一个分量，则意味着没有风险或存在少量的风险。该风险计算过程中的污染源与途径分别由各种参数进行确定，这些参数在决定危害程度或受体暴露途径的完整度方面是非常重要的。

本系统的工作原理为通过赋予这些参数相应的数值来反映出风险的估计程度，如毒性和污染源的数量、暴露途径受障碍的程度以及受体的敏感性和易损性。在应用 RSS 时，用户需要在评估期间对每一块场地开展大量的分析工作。在场地的某段历史时期内，无论是当前的用地方式还是之前的一种或多种用地方式历史，每种可能存在的污染物都需要进行单独的分析，风险评估报告需要展现当前场地可能受到的危害。

该系统可在两种模式下运行：

- 标准模式。在此模式中每种参数必须都被赋予相应数值。
- 特殊模式。该模式为简化版本，危害参数可以被省略。

常用的模式为标准模式，在此模式中可评出高级、中级、低级三种风险。此模式可允许对《危险活动和行业列表》（HAIL）（环境部，2004 年）中定义的相似场地或不同场地进行比较。由 HAIL 所定义的行业或活动由于会涉及危害物质，因此其对土地造成污染的概率会更大。

标准模式不适用于对相似类型或风险的场地进行细化区分，故此命名为“筛选系统”。许多场地表面上看起来不同，但事实上却属于同一组风险类型。这些场地应被视为具有相同的风险，并且对这些场地进行的细化区分应另外根据其他因素开展，如根据政策需求对某种类型的场地进行调查级别划分。RHAS 也可用于对此种场地进行划分。对于场地属于不同的 HAIL 类型，或场地虽然属于相同的 HAIL 类型，但是表现出具有不同的（通常为不同的程度）危害情况，标准模式是对这类场地进行比较的唯一方法。

如需要找出相似危害性质的场地（如场地大小类似且具有相同的污染物）之间的差别时，可采用特殊模式。这种模式所涉及的场地一般情况下会具有相同的 HAIL 类型，或者虽然 HAIL 类型不同，但是其所含有害物质为同一种类且检测出的含量相似（例如，一个较小的木材加工场地和一个较大的动物防腐浸液场地）。这是由于特殊模式省略掉了毒性、数量、范围以及移动性等危害参数（实际上将其保持为常数)，以便对场地具体因素引起的变化进行测定，这些因素包括污染物与受体接触或传递至受体的可能性。在分级时，不能也不应该采用完整的计算，将特殊模式与标准模式分别得出的分值进行比较，但是在类似场地的组别中可采用此种比较方式进行优先级划分。

本导则为 RSS 的制定提供了概念性的背景，并可作为指南使用。筛查过程将在 RSS 模板上进行，该模板可用纸手写也可采用微软 Excel 电子表格形式。Excel 电子表格已包含在本导则所附的 CD-ROM 中，或可从环境部网站上下载：www.mfe.govt.nz。

3.2 风险筛选系统背景

风险筛选系统（RSS）的基本依据为由污染源、暴露途径和受体所组成的一个风险计算过程。如果这三个要素同时存在，则意味着会存在某种程度的风险；如果方程中缺少或几乎缺少任何一个要素，则意味着没有风险或存在少量的风险。

该风险计算过程中的污染源与暴露途径分别由各种参数进行确定，这些参数在决定危害程度或受体暴露途径的完整性方面非常重要，该方程为：

$$风险=危害\times途径\times受体$$

此处：

$$危害=毒性\times数量\times移动性$$

$$途径=污染物\times途径屏障1\times途径屏障2\times\cdots$$

（存在有完整途径的可能性将由途径当中的各个屏障确定）

并且：

受体=无论是人体还是生态环境，受体的敏感性和易损性介于 0 和 1 之间的一个单一值。

如果一个参数被赋予了一个较低的值，则该值表示对整体风险的一种限制（例如，一种较小的危害，或者一种对接触或传递途径较大的屏障，或者一种低灵敏性的受体），高值则表示有较高的潜在风险。将各个高、低或中间值组合在一起便可衡量出整体风险。此概念框架与 1993 年的《快速危害评估系统》（RHAS）相似，但是更加简洁。对 RSS 设计与应用的基本假设如下。

评估过程中所存在的危害、途径与受体应作为评估内容。评估时，危害（环境中的有害物质）内容应包括考虑历史用途与影响。风险分级将在评估期间进行。

三种最常见的暴露途径为：

- 地表水迁移；
- 地下水迁移；
- 直接接触（包括摄入、皮肤接触与吸入）。

这些暴露机制当中的每一种情况都有一套相似的参数用以表征和影响风险计算过程的三个部分。

- 污染源（危害）
- 受体
- 污染源与受体之间的传递途径与暴露机制（途径）

只有对风险最重要的参数才可包含在内。关于参数对场地的风险计算过程的贡献，需要做出更多努力来进行评估。

该分级系统具有可乘性。如果任何一种风险分量（危害、途径或受体）得分较低，则此种情况表明没有危害或暴露途径存在，因此该场地处于较低的风险等级。例如，如果在地下水受烃类物质影响，但与受体之间无暴露途径，则可认为此地下水不会表现出风险（可能这是由于地下水未被利用，且其深度不会造成吸入风险也不会使水渗入至地表面）。

所有的参数都被赋予了一个最大输入值 1（包括对风险的最高贡献量、或对接触或传递途径设置的最小屏障）。最小值将根据其对场地的整体造成的影响设定（如下所示）。由于 HAIL 列表中所有场地都具有一定的风险（即使这种风险很低），所有的参数都不可被赋予零分（这意味着此规定也适用于无危害、途径不完整以及无受体的情况）。

参数输入值范围将根据其对场地风险贡献的相对重要性（权重）来设定。例如，深度（在直接接触途径中与污染物的距离）的参数值范围为 0.5 至 1，而毒性的范围是 0.2 至 1。

RSS 不适于非专业人士按照阅读菜谱的方式使用。用户需要具备一定的污染场地和有害物质的知识。所评估物质为非常见情形时，可利用网上大量的可用数据库对其相关的毒性或移动性进行评估（见补充信息）。

在 RSS 中确定参数值时，应确保所需信息的可获得性——可通过地图、区域委员会数据库、电话、实地考察等方式进行。但 RSS 并不需要详细的场地调查信息。在任何情况下，尽管此详细内容会增加最终分级排名的准确性，但该内容对这种粗略的分级方式不会起到太大的作用。按要求需要进行更为详细的评估时，可考虑采用《快速危害评估系统》（RHAS）（环境部，1993 年）。

依据三种暴露途径可能导致的最大风险来对场地基尼系数下能够分级往往会出现一些不利情况，例如当只有一种暴露途径可能导致显著风险，该场地也要被视为具有高风险性。这三种暴露途径只可在方便用户的情况下分开表示，场地的整体等级不会因其他暴露途径的低风险级别而被削弱或掩盖。

场地得分最终确定场地的高、中、低风险分类等级。此模式不允许也不适用对不同的场地进行细化分级，故此其被命名为“筛选系统”。在某一特定风险类型中的所有场地应被视为具有相同的风险，对这些场地进行详细区分时应根据其他因素，例如，根据政策需求对某种类型的场地进行调查级别划分。

三种场地风险分类等级的数字界限依据是：

- 高风险场地具有不超过两个的中间参数（某些情况下为一个低参数），其余全部为高参数（整体分值≥0.4）
- 低风险场地具有不超过两个的中间参数，其余全部为低参数（整体分值≤0.02）
- 中等风险场地介于其他两者之间（0.02＜整体分值＜0.4）。

特殊模式可允许对相似场地进行细致划分。此模式将危害参数保持为常数（对这些参数忽略，实际为每个参数在系统中都被赋予了数值1），这使得相乘的参数减少，数值之间存在明显的差异。但是，系统在特殊模式下得出的分值不可与在输入所有参数值情况下得出的分值进行比较。

3.3 使用说明

3.3.1 概述

在场地筛选时，需要填写《污染场地风险筛选系统模板》（见附录A），该模板可反映出与三种暴露途径相关的风险计算公式。为便于有效利用该模板，其内容已制作成电子表格形式并包含在本导则所附的CD-ROM中，或可从环境部网站上下载：www.mfe.govt.nz。该模板也可采用硬拷贝方式，人工录入计算等级排名（例如，将每一暴露途径的每个参数值乘在一起）。

在评估当中应对需要更改的RSS模板的情况进行明确说明，否则禁止更改。对模板更改后，其得出结果可能会与其他地区或国家的场地分级情况存在差异。

RSS标准版可作为风险分类和全国统一的场地级别划分定性工具。该版本：

- 不适合作为风险定量评估工具；

- 不能根据地区或区域优先级别要求区分出场地之间的差别（例如，在某一区域内的某种类型场地可能会属于同一种风险类型，在这种情况下，应考虑其他因素对等级划分。）

采用 RSS 特殊模式对相似场地进行比较时，其得出结果为数字分值而非高、低或中等级别。该数字分值：

- 可用于对相似类型的场地进行定性比较以划分出等级，但是不可与用标准模式得出的分值进行比较；
- 不可用于定量风险评估之中。

通常在对场地进行评估时，需要对当前的用地方式或是之前的一种或多种用地方式所导致的潜在污染物风险进行考虑。暴露途径为在评估期间存在的途径。如果当时条件允许，该系统还可用于推测过去或将来的风险。对于每一种场景都应划分出一个新的等级。

电子表格格式的模板利于进行快速的“假设”分析，该分析过程将采用其他参数值对重大风险场景进行评估以确定在场地内存在的多重危害。多重危害可能来自：

- 不同的危害物质
- 当前或过去不同的用地方式或管理做法。

场地等级应能反映出危害所表现出的最大风险。这要求用户应估计出在过去或现在的用地方式下，某一物质所表现出的危害程度。在实际中，某种物质可能是从一系列用地方式中积累而来，在报告中需要选择最大风险的情境进行考虑。

鉴于评估过程某一阶段暴露途径与受体将保持为常数，在考虑的不同危害是应通过多重分析确定不同危害参数的影响（毒性、数量、范围以及移动性）。

如需对某个场地开展多种类型的评估，则在评估模板上方，每种评估必须用“场地类型”与“评估类型”字段进行标识，并在“注释”框中输入补充说明。在“注释”框中至少应输入相关的化学品名称。每种情形可保存为单独的一份电子文档，也可在每次试用存档后打印出来。[①]

如果用地方式发生变化（比如重新开发）或者周围土地用地方式发生改变，特别是对于较为敏感的用地方式，该系统还需评估出风险变化的情况。在这种情况下，危害参数可保持不变（除非要开展衰减或修复过程），但是场地重新开发可能会改变途径屏障方式，并且用地方式变化会改变受体的敏感度。

---

① 本系统在试用期间显示一种可提高工作效率的功能，即对同一文件用不同文件名重新保存时，可不必清除用于之前场景的参数。在对新场景进行分析时，只需对上方的场景描述进行更改，输入需要替换的参数，然后再次保存便可快速完成。

用户不必掌握场地内污染物及其浓度的详细情况。在实际中，在场地调查与评估中掌握这些情况已超出了筛选系统的目的范围。因此，用户需要根据行业类型以及当前或过去的操作实践对危害的可能性质做出判断。如已对场地实施了某种程度的调查（提供了定量分析数据），该调查结果将不会被用于评估当中，但是通过提供详细的场地信息可增加场地最终定级的准确性。

如果用户无法确定某种参数的最佳数值，则其可采用假设分析法估计对整体风险所产生的影响。一般情况下，对单一参数做出改变只会产生较小的影响。

通过依次对三种主要暴露途径（地表水、地下水、直接接触）进行检查可确定出场地风险等级，同时也会为每种途径打分。在三种途径进行分级时，场地分级是最不利的（最高的）风险分级情况。

3.3.2 评估模板

该模板可输项有：场地名称、评估类型、场地类型（见环境部，2004 年）、对某种评估的注释、评估者姓名、含水层类型、参数值、可信度、对每种参数的注释以及对参数值范围的选择指导。

对于“评估类型”输入项，用户可输入过去的用地方式或活动，以及当前的用地方式或用地规划。对于评估属于假设分析的一部分，在左上角的“注释”输入项可用于对处于分析当中的某种场景进行描述。对每一种参数所做的注释可描述与其相关的多方面内容，例如，信息的来源或者未采用标准值的原因。

此评估模板只设计在单独一张页面上，其目的在于从视觉上和过程上简化评估过程。此模板为电子表格格式，但可打印出以硬拷贝方式使用或存放。该模板电子版所采用的制表程序为微软 Excel 1997 版和 Excel 2000 版。此模板也可以 Corel Quattro Pro 8 的文件格式保存和使用。对于其他版本的电子表格程序，本模板未对其进行兼容性测试，请用户在确认后使用。

在打开电子版的评估表格之前，请确保电子表格程序（如微软 Excel）的宏功能已启动；否则此模板将无法正常使用。

此模板的电子版具有一些硬拷贝无法实现的功能。

- “帮助”按钮可用于打开和关闭基本说明（见屏幕截图 1）。
- 一定要输入场地名称才可使系统得出风险等级（输入位置在每种途径的下方和模板的正上方）。如无场地名称输入，则等级框将保持空白。
- 将一个或多个参数值设为空白（或在地下水途径的情况中，未对含水层类型做出选择）将会导致风险等级为“无得分”，以表示出某个参数缺失。

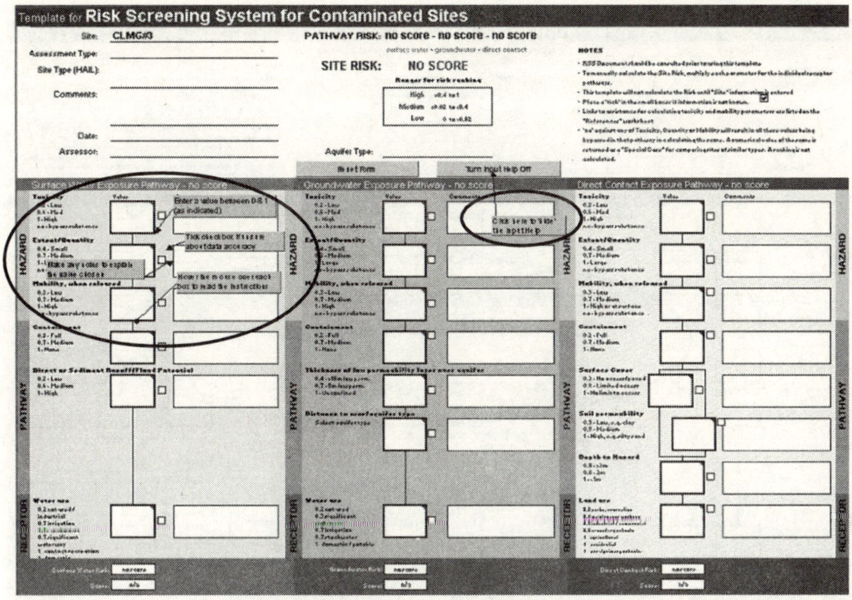

屏幕截图 1 帮助按钮

- 多数输入项都会包含下拉菜单，内容包括：评估类型、场地类型、含水层类型以及所有参数值框。试图手动输入一个列表中没有的数值时，模板将会产生一条错误信息，并给出有效的数值。对于输入项如何输入数据模板中已有操作引导。
- 模板不接受参数值小于或等于零、大于 1 或超出一个小数位的输入情况。由于风险筛选系统无法提供大于一个小数位的精度，所以此模板只允许参数值不大于一个小数位的输入情况。值输入时会有错误信息提示显示（见屏幕截图 2）。
- 对于需要对同种类型场地进行比较而采用特殊模式进行评估时，可在关于“毒性”、“程度/数量”或“移动性”的任何一个输入项中将参数值设置为“na”。对于设置为“na”的途径，系统将对三个输入项进行忽略。如需对某种途径采用忽略模式时，只需在关于该途径的“毒性”、“程度/数量”或“移动性”的任何一个项中输入“na”即可。但是，一定要确保“na”分别在每一种途径中输入。特殊模式将以“特殊模式”字样在某种途径的风险输入项中显示（见屏幕截图 3）。当所有的参数框都已被有效录入时，在每种途径下方将会显示出一个数值作为特殊模式的分值。当未启动特殊模式时，此种数值将不会被显示（该方框将显示“na”）。

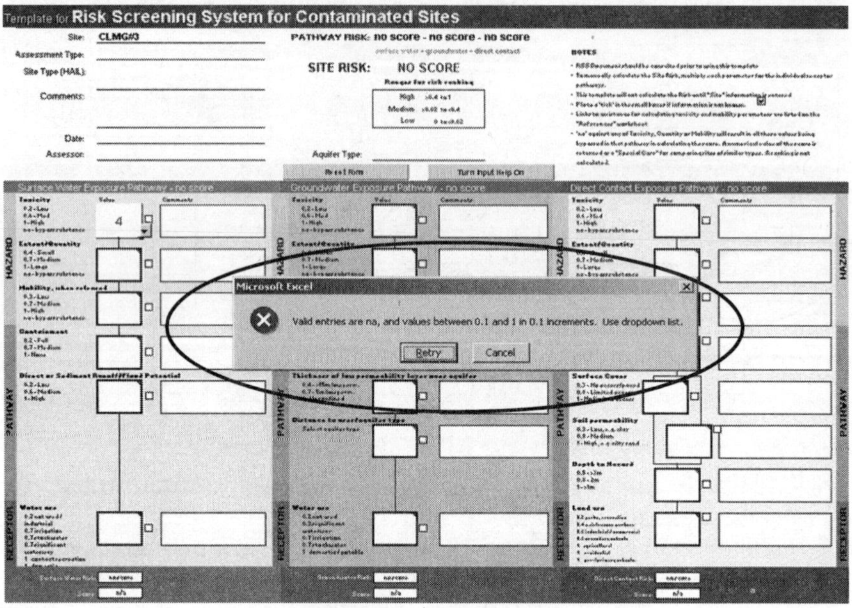

屏幕截图 2　错误对话框

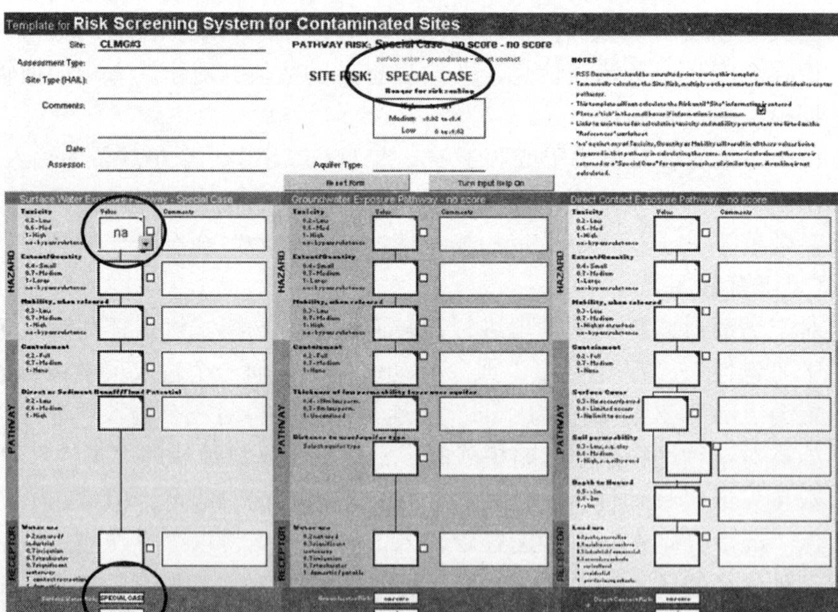

屏幕截图 3　特殊模式

- 将鼠标指针停在参数录入框时，将会出现相关的用户指导信息（见屏幕截图 4）。

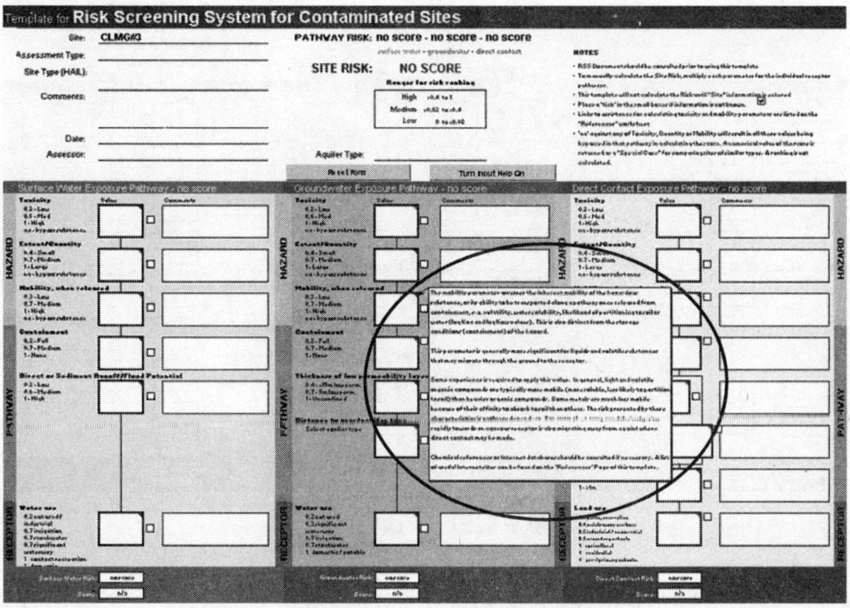

屏幕截图 4 用户指导信息

- 场地名称录入完毕，并且其某途径的所有参数框均已录入数值后可计算出该途径的等级，场地途径可以自动计算得出。
- 关于场地的汇总信息将在单独的（工作表标记为“结果”）中列出，以便将数据拷贝到单独的数据库中。
- 参数框中的信息可通过“重置”按钮清除。但是这种方法却不能清除模板左上角处的信息内容。

3.3.3 场地分级

对所提到的三种暴露途径（地表水、地下水、直接接触）的评估将分别独立进行。其实场地的等级就是“关键”途径的等级（该途径可得出最高的风险）。

尽管场地的整体等级是以最不利的暴露途径为依据的，但是需对所有三种途径进行报告，其格式为：在模板上部位“地表水等级—地下水等级—直接接触等级”，最不利情况的（最高等级的）场地风险如下显示（见屏幕截图 5）。

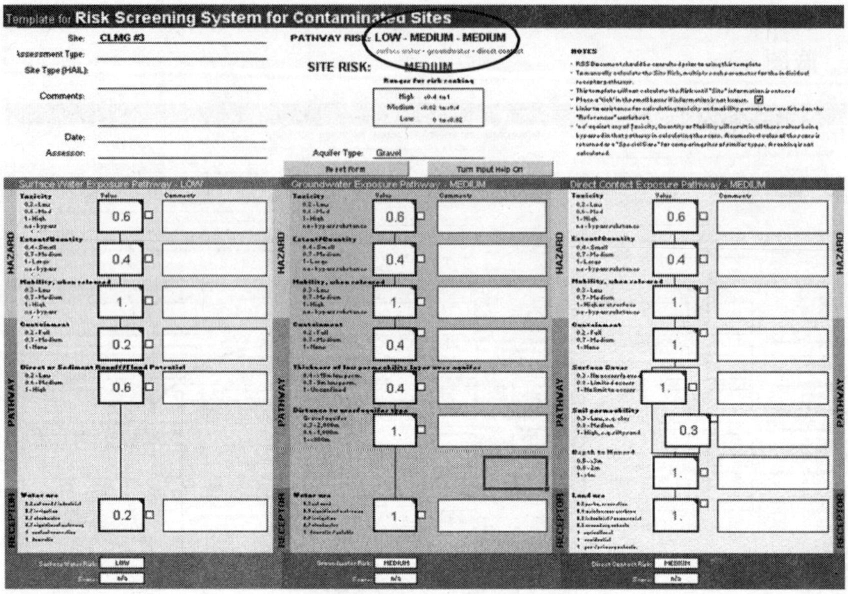

屏幕截图 5　途径风险

例如，在场地评估中，地下水和地表水途径具有高风险，直接接触途径具有中等风险，则将途径风险报告为“高—高—中”，场地整体风险为“高”。

根据对某种途径计算出的整体得分（例如，各个参数值的乘积），该暴露途径可考虑用以下风险等级进行分级：

- 0.4 至 1：高风险
- 0.02 至小于 0.4：中风险
- 0 至小于 0.02：低风险

3.3.4 信息空缺

RSS 为一种完全倍增性系统，只有将所有参数值输入后才可计算出场地得分。鉴于 RSS 是一种基于广义评估参数应用制定出的易于使用的评估方法，不建议对这些参数随意赋予数值，因为这可能会导致严重错误。为使输入数值有效，应保证信息资源易于获取、充足完整。但是，如果用户认为某种信息可疑，可勾选相关参数值旁的复选框以示提醒，并在“注释”框中给出解释。据上所述，如参数可疑，可随时采用假设分析方法确定其不确定性。

3.4 参数描述与输入值

3.4.1 概述

本节将对每一种参数进行描述并对每种参数所赋予的数值给出指导意见（无过多规定性内容）。指导数值并非为强制采用的。对于系统所推荐的参数值可能反映不出某种特定条件的情况，用户可在给定的数值范围内对任何认为适用的数值进行选择。

在此种情况下，用户可赋予参数任何所选择的有效数值（>0，≤1，以 0.1 为增量单位），但需要在本指导内和在风险筛选系统（RSS）上给出弃用建议值的原因，以作为对该数值的注释。如所选数值过于偏离标准值时，建议用户对此种情况谨慎考虑。还需注意的是，指导值可表示出是否参数风险可考虑为从最有利至最不利的一种线性变化，或是否风险增加（减少）是偏态分布的（偏重于最有利或最不利）。

对于每种暴露途径（地表水、地下水、直接接触），模板要求风险计算过程的每个分量都要有输入值，包括危害、暴露途径、受体。前两个分量由几个参数组成，而受体分量只包含一个参数。

- 危害分量　参数包括：毒性、数量、范围以及移动性。如果某种物质或污染物范围较广、数量较大、毒性较强且更易流动，则其表现出的危害要比数量小、毒性低或移动性低的危害更大。
- 途径分量　此种参数所表示的是危害与受体之间暴露途径完整的可能性与程度。暴露途径参数可影响到受体是否会与非移动性污染物直接接触，或者是否存在潜在的移动性传递至受体。典型的参数为危害与受体之间的距离以及影响传递的因素，如径流与地面渗透的可能性。

下方内容对此类参数进行了详细描述。在所有情况下，危害、暴露途径与受体的所有参数都应根据场地的当前状况被赋予数值，但将评估用于预测未来条件变化风险的情况除外。

3.4.2 危害单元

危害单元有三个参数，每一参数必须与所考虑的受体途径相关：

- 污染物的毒性
- 污染物的范围或数量

- 污染物在释放到环境中后沿某种途径的移动性。

这些参数仅仅可表现出潜在的危险程度，不能确定潜在危险性是否为风险。途径和受体参数可用于确定潜在危险性是否为风险。

3.4.2.1 毒性

毒性参数可显示出污染物对人体健康和环境造成不利影响的能力。本导则并未对各种物质的相对毒性进行列表陈述。在使用筛选系统时，用户应在危害物质方面接受过足够的培训并有充足的经验，并了解常见物质的相对毒性。下方内容给出了一份常见污染物类型列表以用于对恰当取值的指导，在《污染场地管理导则附表 B》中提供了一份关于一些最常见物质的列表。最新版的附表可从环境部网站下载：www.mfe.govt.nz。在“补充信息”中也列出了一些网上资源。

在判别相对毒性时，对世界卫生组织（WHO）每日可接受或允许摄入量（ADI、TDI），或美国环境保护署（US EPA）制定的基准剂量（RfD）或有毒物质和疾病登记署（ATSDR）制定的最低风险水平值（MRL）等当量值进行比较会起到一定的帮助作用。《新西兰饮用水标准》在制定时采用了世界卫生组织（WHO）制定的每日可接受摄入量（ADI），许多 ADI 值可从卫生部制定的饮用水质量管理导则文献（卫生部，1995 年）中查取。

阈值性污染物的 ADI（TDI、RfD、MRL）值为不会对敏感性个体造成可检测到的健康影响的每天每公斤体重摄入剂量（mg/kg 体重·d）。根据 RSS，高关注度物质被定义为 ADI 含量≤0.02 mg/kg 体重·d 的物质，中关注度物质的 ADI 含量介于 0.02～0.2 mg/kg 体重/d 之间，低关注度物质的 ADI 含量＞0.2 mg/kg 体重·d。ADI 可用于计算污染土壤在某种假定的暴露场景下的指导限值。根据《木材加工导则》（环境部与卫生部，1997 年）对居住用地情况所提供的假设，重点关注物质为浓度小于约 3 000 mg/kg 时通过土壤摄入途径即可造成潜在风险的物质。该浓度为指示性浓度，并且不包含其他暴露途径（例如，农产品摄入、皮肤吸收）可能导致潜在风险的更低浓度。

参数范围：	0.2	低关注度污染物 ADI＞0.2 mg/kg·d
	0.6	中关注度污染物 ADI≤0.2 mg/kg·d
	1	高关注度污染物 ADI≤0.02 mg/kg·d

致癌性物质（非阈值污染物）不可采用此种方法处理。如果某种物质已被认定为潜在的人体致癌物，则其应被视为高关注度污染物。

下方内容给出了一份关于高、中、低关注度污染物的列表，对于采用 ADI 值编写的某些具体危害物质的详细列表将在附录 C 中给出。许多物质通过吸入途径摄入要比口腔途径摄入更具毒性，这一点应在毒性评估时加以考虑。同样，某些物质对植物或水生环境产生的毒性要远比对人类产生的大。因此，在对较为广泛的环境进行风险评估时，应谨慎使用针对人类的毒性参数。

高关注度的废物/物质类型有：

- 具有持久性、生物累积性和毒性的物质
- 重金属（例如，汞、砷、铅）
- 工业废物（例如，杀虫剂、除草剂、油漆污泥、酸和碱性溶液、石油烃）
- 事业单位废物（例如，实验室、医院）
- 致病废物
- 放射性废物

中关注度的废物/物质类型有：

- 以上内容未包含液体废物，包括非挥发性烃类（例如，重质油）、化粪池泵、农业和化学品容器
- 食品加工废物
- 非危险性焚烧炉或锅炉残渣（例如，灰）
- 城市固体废物（家庭）
- 有机与植物废物
- 采矿残留物

低关注度的废物/物质类型有：

- 工业和商业固体废物（如建筑材料，比如木材、金属、砂/泥桩、铸造砂）。

3.4.2.2　范围/数量

范围/数量参数可表现出在评估期间评估场地危害物质的潜在量。该参数应与毒性参数分开处理，但是将范围/数量参数与毒性参数结合使用可表现出初始的危害程度。因此，少量的高毒性物质可能会表现出与大量的低毒性物质相似的危害程度。

参数范围：	0.4	少量/部分场地受到影响
	0.7	中等量/部分场地受到影响
	1	大等量/部分场地受到影响

范围/数量与已释放或沉淀出的材料中所含的有害物质的实际数量完全不同。并且，由于危害物质的储存条件（遏制措施）对有害物质起到了控制作用，因此有害物质的数量也与可能逃逸数量不同。

因此，很难将范围/数量与直接接触途径的用地情况完全区分开来。在确定此参数值时，用户需要考虑受影响场地所占的比例。可以明显看出，在相对较小的场地（用地情况可能会更加密集）内，少量的受影响土壤的直接接触情况可能会比较大场地内等量土壤的情况更加明显。

对于居住用地，可能会遇到一些特殊的难题，较低浓度的污染物可能对儿童呈现出较高的风险（例如，花园土壤中的铅漆片）。在这种情况下，对范围/数量参数赋予较高的值是合理的。再给出另外一个例子：一片较小的羊用防腐洗液场地含有少量的受影响土壤，这些土壤可能不会对一个农场构成某种风险，但是如果在这片土壤周围有居民住宅，这些土壤会有与住宅内儿童接触的可能，从而能够构成重大风险。如果相同的羊用防腐洗液场地位于农场细化后的一处居民住宅区域，则该土壤将构成巨大风险。

过去的污染情况会对此参数取值造成一定的困难，这是由于过去的活动、存储条件与管理做法会影响有害物质进入土地的程度，从而影响对当前范围/数量的估计。

对于简单的场地，根据历史记载的物质数量便有可能对范围/数量进行取值，然后根据围阻途径参数判别出土地内该物质存在的可能性（见第 3.4.3.1 节最后注释部分的论述内容）。但是，对于复杂的历史场地，不可采用此种方法，并且相应的历史用地状况必须考虑到范围/数量参数之中。此时，封装参数应取值为 1 以表示该物质已存在于土壤当中。

因此，对于历史场地必须要考虑范围/数量参数：

- 活动与管理做法反映出了当时时代的特点——较差的仓储环境和处置做法意味着场地会极易遭受更严重的影响。
- 运行持续时间。如果管理做法不到位，其会影响效应所达到的程度。
- 大量不同的活动是否会使相同或类似的物质产生积累效应。
- 从历史活动或用地活动结束后，某些物质可能产生自然衰减，这一点在对挥发性、可溶性（可能会浸出）或极具生物降解性情况的物质需要特别考虑。
- 如果在此之前有任何的土地修复活动发生，由此所可能产生的土壤挖出量在场地重新开发的情况下需要考虑。

下列在当前或曾经储存或使用液体的量和污染土壤的方量可以作为指导的一

个大致建议：

- 少量　几十到几百升或几十立方米的土壤；或者，对于直接接触途径，受影响场地少于 10%（请注意：含有少量易于接触受影响土壤的居住场地可能会表现出较高的风险）。
- 中量　数百至数千升或数百立方米的土壤；或者，对于直接接触途径，受影响场地为 10%～50%。
- 大量　数千升或数百至数千立方米土壤；或者，对于直接接触途径，受影响场地大于 50%。

3.4.2.3　移动性

移动性参数所评估的为有害物质，在从封装中释放后沿暴露途径迁移或被传递的能力[例如，表现出的一些特性，如挥发性、水溶性、分配至土壤或水体当中的可能性（log*K*oc 与 log *K*ow 值）]。危害物质的存储条件（围阻）不同（见第 3.4.3.1 节内容），移动性能也不同，这是由于存储条件为一种场地因素而非物质本身的性质。

参数范围：	0.3	在途径内具有低移动性
	0.7	在途径内具有中移动性
	1	在途径内具有高移动性

系统性参数会受到暴露途径影响。例如，某种物质在迅速迁移至某一环境受体时，同时也可能的从直接接触点移开。如果某种物质在地表无法移动，则其不会对地下水造成影响，但却易于发生直接接触。除此之外，物质在移动时已不仅是纯粹的物质（无论是气体形式还是液体形式），还伴随着所搭载的其他媒介（例如，溶于水中或附着在沉淀物或灰尘上）。

某种物质被认为具有高移动性的情况有：

- 该物质为液体，且具有极低的黏度性，可在地层中移动。
- 该物质为气体或挥发性液体，气相可在地层中移动。
- 该物质具有可溶性，可在地表水或地下水浸出和/或移动。
- 该物质可保存于溶液中（不易渗透至土壤或降解），可在地表水或地下水中移动。

相反的情况，将适用于某种物质所具有相反的特性。但是，对此有两种例外情况，在此种情况下，通常不会移动的物质具有土壤渗透性的趋向时（例如，许多金属和半挥发性有机化合物），应赋予较高的移动性以免错误地降低了风险。

- 一种情况为：易发生灰尘或沉积物吸附，并且灰尘或沉积物可随时经风或径流传递至受体（见章节 4.3.2）
- 另一种情况为：对于直接接触途径，物质在渗透至土壤过程中仍然可在地表与受体发生接触。

其他的例外情况还有：对于历史污染，高移动性的有机物在实际中可能表现出较低的风险，这是因为较高的移动性也同样意味着其更易于发生更快的衰减过程。如前所述，此种情况必须考虑到范围/数量参数之中。因此，高移动性物质也同样会：

- 受其高挥发性影响发生快速衰减
- 受其高溶解性影响易于发生快速生物降解

因此，在为本参数取值时应具有一定的经验并且小心谨慎。作为指导，质量较轻和易挥发的有机化合物一般要比较重的有机化合物更易具有流动性（水溶性）。半挥发性有机化合物（例如，有机氯农药和多环芳香烃）一般具有低的溶解度和较强的土壤渗透趋向。许多重金属与类金属（例如，铅、铜、砷）由于具有土壤吸附亲和性，其移动性较低，但这可能与物种和土壤的 pH 值依赖性有关。

如有必要，可参考化学类文献或互联网数据库。在“补充信息”的背面列出了一份有用的网站详单。

3.4.3 暴露途径

暴露途径对与受体接触或向其传递的可能性进行了定义。需要考虑的暴露途径通常为当前途径，而非所引起的历史污染的暴露途径。这是因为当前风险是以当前场地条件为依据的评估结果（见后面包含内容中的说明）。

历史场地条件或者布局不会影响污染物是否将与受体接触。任何的历史情况（包括可能对污染物的扩散起到帮助作用的历史暴露途径）将被考虑在关于危害的范围/数量参数之中（见章节 3.4.2.2 内容）。但是，如根据要求需要对将来或过去的风险做出推测，则需采用对应的暴露途径。

暴露途径及其相关参数是对场地与环境而非危害物质的功能描述。有一种参数对于所考虑的三种暴露途径都通用：围阻参数，该参数对场地内污染物围阻条件的安全性进行了定义。另外，每一种暴露途径都有一套不同的参数对传递或接触屏障进行定义。

根据所选择的暴露途径类型，可能会存在两种或者三种暴露途径参数。评估的积性性质所带来的一种后果是：对于一个给定的数值，三种参数要比两种参数产生明显较低的风险。为避免这种偏差，所推荐的数值都已经过修正，以便在将所有的数值乘在一起及对所有参数取中间值时，每种暴露途径都可产生相似的结果。如果用户认为所推荐的数值不适用，则其在选择其他参数值时需要考虑积性偏差的可能性。

3.4.3.1　阻隔

阻隔参数为测量储放的危害物质释放至环境当中的一种指标（关于历史储放的说明请见下方注释）。该参数只适用于工程结构，但不包含具有自然土地条件的阻隔。低渗透性土壤的阻隔情况将在其他参数中考虑，此处并不包含该种情况。

参数范围：		
	0.2	完全围阻
	0.4	完全围阻，但具有释放的可能性
	0.7	中等围阻
	1	无围阻，或者已存在于环境中

对于环境中出现危害的情况（例如，危害已溢洒或泄漏至土层、蓄意弃置、观察或测量到污染的情况），则该场地将被视为无阻隔。相反，数据表明双层燃料储罐具有较小的危害散逸可能性，因此储存物将被视为被完全阻隔。单层钢制地下储罐或设置简陋的堤垦存储区可被视为具有释放的可能性。

储存与阻隔说明

对于一些历史场地，危害物质被储放在某种形式的工程结构中（例如，储罐、危险品储室、仓库），因此很难对危害分量中的储放条件（阻隔参数）与范围/数量参数进行区分。下面给出两种方法确定土壤中的污染物能被受体直接接触或迁移传递给受体。

一种为将过去阻隔条件考虑在范围、数量估计之中，并将阻隔参数设置为 1，以假定污染情况在土壤中存在；

另一种为根据该物质的历史储放数量对范围/数量参数取值，然后通过采用历史储放条件阻隔参数判定该物质存在于土壤当中的概率。

在第一种方法中，历史阻隔情况被隐含考虑在了对受影响土地部分的评估当中，并且该种阻隔情况现在还可能存在。第二种方法的过程就较为显而易见，其意图为分别考虑已储放的数量和历史储放条件。这两种方法都适用于单一历史储存情况的简单场地，而且应能得出相同的答案。但是，对于土壤中存在已知污染的情况，以及对于需要对多种历史用地情况进行考虑的复杂场地应采用第一种方法。多种的用地方式会具有多种的历史阻隔条件，对于现在还可能存在于土壤中的危害物质，这些条件必须在危害物质估计达到一定程度时进行考虑。

3.4.3.2 直接或沉积物径流与洪水风险（地表水）

余下的地表水途径参数将用于评估对地表水受体所产生的风险，其中地表水受体来自：

- 泄漏或溢出造成的直接径流；
- 经雨水径流传递的受污染沉积物；
- 浸淹场地的地表河流。

参数范围：	0.2	低径流或洪水风险
	0.6	中径流或洪水风险
	1	高渗透通道，或者几十米范围之内的水体

该参数为混合参数，并且必须将大量的场地与地形因素考虑在内。取值过程将取决于很多因素，如场地之上和场地与河流之间的地表覆盖物、地形（坡度和可行的排水路径）以及场地至河流之间的距离。与较为平缓的、具有植被或渗透性的、和/或与水体相距较远的坡地相比，陡峭、与地表水相距较近、无植被覆盖或不具渗透性的坡地具有相对较高的径流风险。如水体流经该场地或在距此场地数十米范围之内，则场地对此水体具有较高的风险影响，而当水体距此场地数十米之外至一百米之内时，该场地则对此水体表现出较低的风险影响。大于 100 米的距离将表现出低径流风险影响，除非径流易受某些因素影响发生，如非渗透性地表、陡峭坡地或优势途径。

如发生优势运移的可能性较大（如城市环境中的地下沟渠或雨水涵洞，或者乡村环境中的地表排水沟），应对径流风险进行修正以对更多的直接流径进行补偿。例如，在极端情况下，如径流经雨水排水系统直接排至地表水体中时，其参数值将取 1，但是当径流在移运过程中有被稀释可能时，其参数值将取较低值。

对坡度、距离以及确定是否存在可行的排水路径进行估计时，可参考 1∶50 000 的地形图、较小比例的等高线图（咨询区域或城市委员会）、城市或区域委员会地下设施平面图或进行实地考察。

洪水风险将取决于地形与距离——场地是否易于发生洪水，以及场地上是否有保护性覆盖物。多条河流已被分析出洪水风险数据，如需引用，可参考当地政府洪水风险图或咨询区域市政局水文专家。如果无法获得洪水风险图相关数据，则应对与场地最近的河流的海拔高度、场地与河流之间的距离以及洪水传闻进行评估，以估计出场地洪灾风险。

3.4.3.3 地下水途径

如预计某污染物可通过地下水途径对受体构成风险，则该污染物需要迁移至含水层，然后穿过该含水层到达接触点。对此评估包括的参数有：

- 覆于含水层之上的低渗透性（淤泥或黏土相等物）防护层厚度距最近使用者的距离。

（a）保护层厚度

覆盖的低渗透性保护层（包括与场地的地表铺面）厚度可表现出污染物是否可向下移运至含水层的能力。必须将任何低渗透性保护层的顶面作为危害释放的最低点。在地表污染情况中，高质量的铺面可认为等同于或好于 15 米的低渗透性含水层覆盖材料。

参数范围：		
	0.4	＞15 米的低渗透性含水层覆盖材料
	0.7	＞5 米的低渗透性含水层覆盖材料
	1	无限制

（b）与使用者之间的距离/含水层类型

与使用者之间的距离/含水层类型参数将用于评估危害物质可穿过含水层到达使用点的能力。“使用”为一个泛指的点，在此位置受体可与污染物接触，此位置可指一个抽取点（一口井）或者一个排放至地面的点（泉眼）或是地表水体。

参数范围

参数值	根据含水层类型确定的与受体之间的距离（通常为渗透性）				
	黏土、淤泥（低）	细沙、粉质土砾（低—中）	粗沙、砂砾石（中）	砾石（高）	裂隙岩体（中）
0.3（低等风险）	100 m	300 m	1 000 m	2 000 m	1 500 m
0.6（中等风险）	50 m	100 m	500 m	1 000 m	800 m
1（高等风险）	＜20 m	＜50 m	＜300 m	800 m	600 m

该参数可显示出与同一使用点之间不同距离所产生的风险，并可作为广泛的含水层类型的功能参数用以界定渗透性范围（对于淤泥和黏土，范围起始于 10～8 m/s 或更低，对于砾石，范围终止于 10～2 m/s 或更高；见 Freeze 与 Cherry，1979 年，表 2.2 或者类似的地下水出版物）。对于某一种特定类型的含水层，其与使用点间距离越大，则风险值就越低。该物质的移动性将单独在移动性参数中考虑。当用户注意到有潜在的优势途径存在时（例如，在低流动性沉积物内的较短距离

内存在砾石晶体)，其应判断出在污染源与该地下水使用位置之间采用何种的平均含水层类型。如果已知地下含水层的整体综合特性（从泵实验获得），则应采用最适合的含水层类型。

通常在新西兰会遇到的含水层已被归纳总结出五种类型。根据 10 年期间保守性污染物的 1-D 扩散计算及经验，已确定出低、中、高等风险值（分别为 0.3、0.6 和 1）所对应的距离。但并未对污染物降解（受吸附作用影响，该过程与阻滞不同，而且阻滞是在流动性参数中进行考虑的）进行考虑。对于易于发生降解的物质（例如，具有生物降解性和挥发性的物质），每种风险值所对应的移动距离应相应向下调整，这表示，当与使用点距离已给定时，不发生降解的物质要比容易降解的物质更易构成较高的暴露风险。

裂隙岩体含水层类型可用于表示与奥克兰玄武岩以及可能紧密接合的杂砂岩类似的含水层。裂隙岩体本质多变，因此对于给出的数值必须谨慎使用。对于孔状灰岩，无可用类型进行表示，因此在使用时必须谨慎考虑。如果用户对含水层类型选择有任何疑问，请向水文地质专家或相关的区域市政局咨询。

对于以上给出的含水层类型无一适用于某种特定情况时，在电子模板中可选择“其他”，然后可对认为适合的情况在 0～1 之间随意取值。对所选数值一定要进行解释说明。

3.4.3.4 直接接触途径

所需考虑的直接接触暴露途径为皮肤接触和吸入机制。吸入途径包括暴露于挥发性物质（例如，碳氢化合物）和固体颗粒（例如，受污染灰尘与石棉）的情况。尽管在这两种暴露途径中，其途径是否完整主要取决于在途径中是否存在屏障（例如，途径长度、地表覆盖物或地面渗透性），但是这两种直接接触机制是相互独立的。对于能导致最大风险的暴露途径贡献最大。直接接触途径可受下列内容影响：

- 危害深度；
- 地表覆盖物；
- 如遇挥发性危害情况，还需考虑土壤的渗透性。

（a）危害深度

危害深度参数将用于评估出亚表层危害对直接接触受体所构成的风险。此种危害可能来自地下释放（例如，通过储罐）、掩埋（例如，垃圾填埋），或经渗透性物质移运至潜水面。危害物质所表现出的风险将随危害释放点深度的加大而降低。

参数范围：	0.5	地表面之下大于 4 m
	0.8	地表面之下 1～4 m
	1	地表面之下 1 m 之内

（b）地表覆盖物

地表覆盖物参数将评估出通过皮肤接触对人体健康所构成的风险。该风险将随地表覆盖物有效性的增加而降低。有效的覆盖物包括地面铺筑材料以及在受影响土地之上充足的覆盖材料（例如，填埋场的覆盖层），这些材料应能避免在正常场地使用时产生暴露。对于半挥发性污染物，养护完好且浓厚的覆盖可作为屏障，并可在一定程度上阻挡与裸土相关的接触途径。对于某些特定用地类型的场地，需考虑土壤开挖、其他土壤扰动以及后续土壤接触的可能性。

参数范围：	0.3	无路径或已铺筑路面
	0.8	路径受限或正在铺筑路面
	1	路径不受限

（c）土壤渗透性

土壤渗透性参数将用于对地下挥发性危害物质吸入风险进行评估。低渗透性地面可减少此种风险。

参数范围：	0.3	低渗透性土壤（例如，黏土）
	0.8	中渗透性土壤
	1	高渗透性土壤（例如，粉质沙土、砾石）

3.4.4　受体单元

受体所面临的风险将取决于其与污染物质（无论是土壤还是水体）接触的情况。在直接接触途径的情况下，这种风险可能还取决于场地用途类型，或者一个人或生态受体与污染水体接触或使用的可能性。

这些参数只对与场地相关的物理标准进行评估。关于场地定级，还可能存在其他影响因素，例如，文化价值观，但是这些内容不可作为风险筛选系统一种通用的评估方式。如果出现此种情况，用户需要自行判断所需相应采取的数值。在这种情况下，一定要对已选数值进行解释说明。

3.4.4.1 用水方式

用水方式参数可在条件允许的情况下适用于地下水与地表水受体这两种情况，该风险作用的对象可能有人体健康（自将水源作为饮用水或娱乐用途的情况）、农业环境下的作物种植与畜牧养殖或者地下水或地表水排放至重要水路情况下的生态阈值。

参数范围：	0.2	未使用/工业
	0.7	灌溉
	0.7	畜牧用水
	0.7	具有重大生态作用的水路
	1	娱乐接触
	1	家用/饮用

当考虑地下水排至地表水这一情况时，必须考虑接受水路的稀释因素。一般情况下，对于几乎所有的较小水路，来自地下水的排放都将会构成较低的风险（见第 3.4.5 节内容）。

工业用水也同样被给定一个数值。此种用途被赋予了一个较低的风险值，这是因为关于工业用水的评估一般不是以健康为依据的。

3.4.4.2 用地方式

用地方式参数对通过直接接触途径给受体造成的风险进行了定义，该风险与很多暴露因素呈比例关系，并且这些因素都是受体环境所特有的。这些内容包括暴露频率（一年之内的暴露天数）和暴露速率（危害被摄入、吸入或接触的速率）。用地方式场景以及相关的暴露速率大体上与基于健康的土壤指导文献采用的场景相符，这些文献涉及的内容有木材加工（环境部与卫生部，1997 年）、石油烃（环境部，1999 年）以及煤气厂（环境部，1997 年）场地。

参数范围：	0.2	公园娱乐
	0.4	维修工作
	0.5	工业/商业
	0.5	中学和高等教育机构
	1	农业
	1	幼儿园与学前班
	1	居住

例如，对于工业场地内的某一个受体，这些值可识别出居住条件下受体对于土壤所具有的相对较高的暴露量。一个居住受体被认为其大部分时间都是待在家里的，因此与在工业场地的工人相比，其与裸土接触的概率会更大。学前班与小学的取值较高，这是因为尽管受体在一天当中只有一小部分时间位于场地内，但儿童会有较高与危害物质接触的概率（例如，通过土壤直接摄取的方式）。

3.4.5 途径交互作用

不同途径之间会有一些交互作用发生，例如，地下会在水力作用下与地表水接触，这对地表水构成风险，或者地下水直接渗出到地表，并表现出直接接触风险。在模板上对这些场景进行表述时没有简单的方法，用户需要在这些途径中来回变换，因此这种情况给实际操作造成了混乱。在这种情况下，应根据其他途径的贡献量，对通过一种途径造成的风险进行单独评估，然后据此将修改后的参数输入模板。在模板上应对这种影响做出说明。

例如，在地下水排放至地表水的情况下，地表水受体（无论是用水方式、还是生态受体、畜牧用水）实际上就变成了地下水途径的一个用水方式值。由于地下水与受体的距离以及地面渗透性会对与受体接触的可能性造成影响，所以该参数已包含在地下水途径中。但是，据章节 3.4.4.1 内容所述，稀释对地表水造成的影响以及是否有可能存在地表水受体（假定不同的受体对污染物具有不同的耐受性，如地表水用水参数建议值所示）必须分别进行考虑。

然后必须决定出地下水用水参数应取何种数值。对于距离较远且流量较大的地表河流，该值将会很小（大约为 0.1）。但是，对于一个接受来自紧临场地砾石间渗流的小型的，但对生态环境会起到重要作用的河流，该值会较高（大约为 0.7），并且此值与重要河流地表水用水参数的数值相似。

3.5 结论

风险筛选系统（RSS）可适用于作为一个筛选工具对任何场地所表现出的风险进行一致的评估与分级。对从污染源或危害至受体的风险途径的完整性进行考虑以及对构成途径的各种参数采用加权系数是本系统工作的依据。本系统对三种整体途径进行考虑：地表水暴露途径、地下水暴露途径和直接接触途径。所有这些途径将独立处理并具有同等的重要性，从中选择出最不利的途径（例如，该途径的风险值最高）可对场地进行整体定级。

RSS 以易于获取的信息为基础，因此使用较为方便。但是，该系统不适用于对不同场地进行细化区分。更加详细的信息（如果有的话）可增加得分的准确性，但是该分级方法的粗放性质可允许对可用信息量较少的场地进行有效的对比。

当 RSS 利用较少的数据进行快速评估，并且大多数的此种数据可从公共资源中获取时，此系统需要用户具有一些污染场地评估的经验并对其结果充满自信。这是因为，本系统中的一些参数，如污染物毒性和移动性，所要求的知识只有具有污染场地（或类似）专业经验的人才会具备。

RSS 可足够用于对场地进行分级，以便进一步开展调查。因此，该评估并不适用于已经根据具体场地调查评估过的场地，这是因为这些场地已经超出了基本分级决定已经确定的范围。

参考文献

[1] 加拿大环境部长理事会（1992 年）《全国污染场地分类系统》加拿大环境部长理事会：加拿大温尼伯市.

[2] Freeze RA，Cheery JA（1979 年）《地下水》新泽西州恩格尔伍德悬崖镇普伦蒂斯霍尔出版社.

[3] 环境部（1993 年）《全国潜在污染场地快速危害评估系统》（初稿）. 新西兰惠灵顿环境部.

[4] 环境部（1997 年）《新西兰受污染煤气厂场地评估与管理导则》. 新西兰惠灵顿环境部.

[5] 环境部（1999 年）《新西兰受污染石油烃场地评估与管理导则》. 新西兰惠灵顿环境部.

[6] 环境部（2003 年）《污染土地管理导则（1）：新西兰污染场地报告》. 新西兰惠灵顿环境部.

[7] 环境部（2004 年）《污染土地管理导则 A：危险活动和行业列表》（HAIL）新西兰惠灵顿环境部.

[8] 环境部（2004 年）《污染场地管理导则附表 B：危险活动和行业列表（HAIL）与危害物质》. 新西兰惠灵顿环境部.

[9] 环境部（编订中）《污染土地管理导则（4）：分类与信息管理协定》新西兰惠灵顿环境部.

[10] 环境部/卫生部（1997）《关于用于木材加工化学品的健康与环境导则》新西兰惠灵顿环境部与卫生部.

[11] 卫生部（1995 年）《新西兰饮用水质量管理导则》新西兰惠灵顿卫生部.

补充信息

网络资源

现给出以下网络资源以协助确定与毒性和流动性相关的参数。

ATSDR 最低风险值（MRL）

最低风险值（MRL）已由美国有毒物质和疾病登记署制定完成。MRL 是人体对有害物质每日的估计暴露量，并且此有害物质在某一规定的暴露期间内很可能不会造成明显的非致癌性健康影响。这些物质特定的估计量与美国环境保护署制定的 RfD 值类似，ATSDR 健康评估者与其他相关人员可将其作为筛选值使用，以对危险废物场地污染物以及需要进行考虑的潜在健康影响进行识别。MRL 可用于短期（1～14 大）、中期（15～364 天）、长期（365 天及更长）的暴露期限，并且可用于口服和吸入暴露途径。

http://www.atsdr.cdc.gov/mrls.html

IRIS 物质列表

由美国环境保护署编订与修订的《综合风险信息系统》（IRIS）为一种电子形式的数据库，其信息内容包含了环境中各种化学物质的暴露情况及对人体健康可能造成的影响。IRIS 最初是为环境保护署员工制定，以适应风险评估、决策制定以及监管活动不断增长的需要。IRIS 信息适用于在毒性学上没有经过系统的培训，但却具备一定健康科学知识的人群。

http://www.epa.gov/iris/subst/

宾夕法尼亚州土地回收计划技术指导手册

本手册由环保署以及土地回收和废物管理局制定，以使修复者在实践过程中满足《土地回收和环境整治标准法案》（1995 年第 2 号法案）的要求。所提供表格包含了 Koc 与 Kd 值。

http://www.dep.state.pa.us/dep/deputate/airwaste/wm/landrecy/MANUAL/anchor86714

http://www.dep.state.pa.us/dep/deputate/airwaste/wm/landrecy/MSCs/Table_5A.pdf

http://www.dep.state.pa.us/dep/deputate/airwaste/wm/landrecy/MSCs/Table_5B.pdf

IPCS INCHEM——环境卫生标准专题论文

IPCS INCHEM 由国际化学品安全项目（IPCS）与加拿大职业健康与安全中心（CCOHS）联合制定。IPCS INCHEM 直接对政府间化学品安全论坛（IPCS）优先行动之一负责，旨在加强当前国际同行评审的化学安全相关出版物和来自国际机构数据库记录的统一性，以供公众参考。

http://www.inchem.org/pages/ehc.html

扩展毒理学网络（EXTOXNET）

EXTOXNET 信息系统提供了各种关于农药的信息。http://ace.orst.edu/info/extoxnet/

联合国环境规划署（UNEP）化学品

化学品信息来源库由联合国编订 http://www.chem.unep.ch/irptc/invent/igo.html

附录 A：RSS 模板

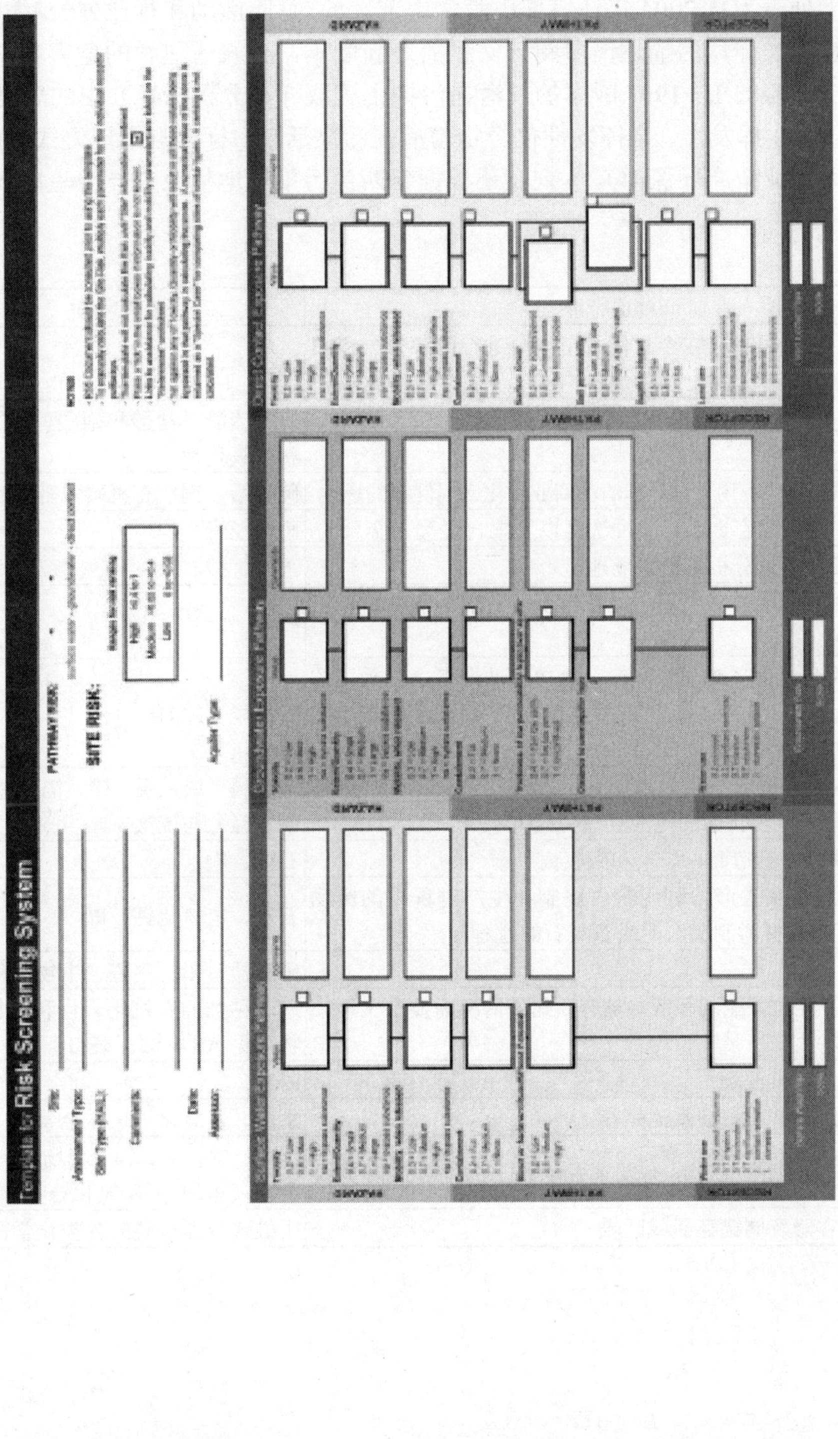

附录 B：危险活动和行业列表

以下列表为从 2004 年环境部出版物中节选的《危险活动和行业列表》缩略本。如须了解更加详尽的描述请参阅该文献的最新版本。列表所包含的危害物质主要节选自 AS 4482.1—1997 版本的《潜在污染土壤取样与分析指导》中的表格 11。第 1 篇 《非挥发性、半挥发性化合物与潜在污染活动、行业与用地方式》(2001 年西澳大利亚政府环保部）。本列表还根据新西兰污染场地执业人员经验增加了其他物质。

活动或行业	危害物质
1. 喷砂 喷砂处理（在全封闭式空间内进行的除外）或喷砂材料清理	重金属、铁
2. 酸/碱植物、配制与散装储存	汞、硫酸、盐酸和硝酸、氢氧化钠和氢氧化钙
3. 农化喷雾承包商用于灌装和清洗商业农化应用储罐的场地	砷、铅、铜、有机磷农药
4. 机场 燃料储存、工厂、冲洗区以及来自烃类，金属的	雨水径流
5. 化验员 商业分析实验室场地	溶剂、酸、汞
6. 石棉制品的生产和处理；储存有变质石棉产品建筑物所在的场地	石棉
7. 沥青或沥青生产或散装储存 除在移动沥青工厂采用的单一用途场地上进行的沥青或柏油的生产过程、或关于这些产品的散装储存过程	石油烃、PAHs
8. 电池制造或回收—电池的组装、拆卸、制造或回收过程（不包括用于零售目的的电池存储方式）	重金属（铅、汞、锌、镉、镍、锑、银、锰）与硫酸
9. 制动摩擦片制造商、修理和回收商	石棉、铜
10. 水泥或石灰生产 利用窑内烧制和生产过程中的废物产生的石灰石材料制造水泥或石灰石的过程	石灰、氢氧化钙、碱
11. 墓地	硝酸盐、铅、甲醛、生物危害
12. 化学品生产，配制和散装储存，此种情况需要有土地使用同意书	广泛种类的有机化合物和无机化合物 见 AS 4482.1 表 II
13. 煤与焦炭堆放场	PAHs
14. 混凝土生产与散装水泥储存	水泥、氢氧化钙、碱金属
15. 国防工程及国防机构，包括军械存储与实弹演习训练场地	炸药、铅、铜、锑（靶场）、溶剂和金属（车间）、碳氢化合物储存
16. 鼓式容器及储罐翻新或回收	用鼓式容器包装的各类化学品

活动或行业	危害物质
17. 干洗厂 限制在进行干洗活动和溶剂储存的场地	三氯乙烯、1,1,1-三氯乙烷、四氯乙烯、四氯化碳、挥发性有机化合物
18. 电力变压器 电力变压器或其他重型电气设备的制造，修理或处置过程	印刷电路板、碳氢化合物、铜、锡、铅、汞
19. 发动机修理 对溶剂和脱脂剂的使用	溶剂、碳氢化合物、重金属
20. 炸药生产或散装储存	丙酮、硝酸和硫酸、硝酸铵、燃料油、五氯酚、硝化甘油、铅、汞、铜、铝、银、苛性钠
21. 化肥生产 农业肥料生产或散装储存	磷酸钙、硫酸钙、氯化铜、硫、硫酸、钼、硒、硼、镉、硝酸盐、氨
22. 铸造操作 金属产品的商业化生产，包括将熔融金属注射或注入模具及其相关活动	金属（特别是铁、铝、铅、锌、铜、锡、镍、铬以及这些金属的氧化物、氯化物、氟化物和硫酸盐）、酸、焦炭、燃料油
23. 煤气厂 从煤或石油原料制造民用煤气的过程	多环芳香烃、酚醛树脂、苯系物、金属（特别是砷、铅、铜、铬）、氰化合物、硫化物和硫酸盐、硫氰酸盐、氨、硝酸盐、焦炭
24. 枪炮、手枪或步枪靶场	金属、铅、锑、铜、锌、锡、镍
25. 钢铁厂	苯系物、酚醛树脂、多环芳香烃、金属和氧化物、铁、镍、铜、铬、镁和锰
26. 垃圾填埋场	烃类、苯系物、多环芳香烃、重金属、有机酸、垃圾填埋气
27. 畜牧浸渍或喷雾操作	砷、有机氯、有机磷、氨基甲酸酯和合成除虫菊酯
28. 市场花园、果园、温室或其他使用持久性农业化学品的地方	砷、铅、铜、汞、有机氯和有机磷农药、氨基甲酸酯类、合成除虫菊酯
29. 金属处理或涂层，包括抛光、阳极氧化、电镀、酸洗、电镀、使用氰化物和饰面的热处理过程，固化加工或商业皮革加工	金属（锌、铝、镉、铬、铅、铜、锡）、酸（硫酸、硝酸、盐酸、磷酸）、氢氧化钠、溶剂和脱脂剂、氰化物
30. 采矿和采掘业和矿物加工，包括采用化学或物理方法进行的金属矿沙提取过程、接触面或含有有害污染物的地下水释放，以及危险废物贮存，包括废石堆和尾矿坝，但不包括砂石挖掘	砷、汞、氰化物、硫化物、金属、还有车间活动、燃料储存
31. 机动车工厂	烃、多环芳香烃、溶剂、金属
32. 油漆生产与配制	溶剂、树脂、重金属

活动或行业	危害物质
33. 害虫防治　商业经营场所（或之前为害虫破坏委员会，现在为区域市政局场地），此处将对农药进行储放与制备，包括毒饵制备与储罐填装或清洗	砒霜、氰化物、士的宁、汞、磷、1080
34. 农药生产（包括动物毒物、杀虫剂、杀菌剂和除草剂），商业化农药生产、搅拌、混合或配制	种类广泛的杀虫剂，除草剂和杀菌剂，包括砷、铅、汞、铜、锡、铬、有机氯、有机磷酸酯、有机磷、羧酸类除草剂、二噁英、氨基甲酸酯
35. 石油或石油化工行业或存储，包括石油生产和油库经营、码头、调配厂或炼油厂、石油销售或商业加油设施、采油设施、石油基材料重新处理或回收和地上或地下散装储存	烃类，包括苯系物，多环芳香烃、溶剂、铅
36. 医药制造　药品商业化生产、搅拌、混合或配制，包括兽医药品	溶剂
37. 港口活动，包括干船坞和船艇维修设施	金属、油漆残余物（锡、铅）、燃料储存
38. 发电站及配电站	印刷电路板、石棉、金属（在飞灰中）、水处理化学品（热力站）
39. 印刷　商业印刷，使用金属类型、墨水和染料或溶剂	溶剂、酸、碱、重金属
40. 铁路站场　铁路站场运营，包括货物卸装站、车间、加油设施和维修区	烃类、重金属、溶剂
41. 锯木厂　在锯木过程中采用的防变色剂	防变色剂、杀菌剂、PCP、烃类
42. 废品收购站　废品收购站的运营，包括汽车拆除或拆解场或废料金属场	金属、烃类、溶剂
43. 机修站	烃类、铅、铜
44. 冶炼或精炼　金属矿砂熔炼或金属精炼	金属及其氧化物、氟化物和氯化物
45. 制革厂、去毛处理厂或盐水腌皮厂或商业皮革加工厂运营	铬、锰、铜、氨、硫化物、酸、氢氧化钠、石灰
46. 货运站	车间内的碳氢燃料、金属
47. 燃料储箱和鼓式储罐、化学品和液体废物	各类化学品、生物危害
48. 废物贮存、处理和/或弃置，包括废物土地弃置，但是不包括将生物污泥作为土壤改良剂的情况	取决于废物类型的情况　生物危害（细菌、病毒）、金属、多环芳香烃、半挥发性有机化合物、溶剂
49. 木材加工与防腐和防腐处理木材的散装储存	PCP、铜、砷、铬、硼、有机锡、多环芳香烃和酚类（杂酚油）、有机氯农药
50. 羊毛、生皮加工（如干燥，精炼）	
51. 任何储存、使用或处置大量有害物质的其他设施或活动，期间有意或无意的有害物质排放活动可能对人体健康或环境造成风险	

附录 C：毒性指导值

根据所列物质 ADI 值所制定的毒性指导值已在表 C1 中给出。根据章节 3.4.2.1 内容，ADI 值≤0.02 mg/kg·d 的物质或致癌物质为高专注度污染物。ADI 值介于 0.02 和 0.2 mg/kg·d 的物质为中关注度污染物，ADI 值大于 0.2 mg/kg·d 的物质为低关注度污染物。

表 C1 关于人体健康高、中、低关注度污染物土壤摄入示例

高关注度污染物	中关注度污染物	低关注度污染物
奥尔德林砷苯 苯丙吡氯丹六价铬 氰化物和化合物 DDT 二嗪农狄氏剂 2,4 -二氯苯氧乙酸（2,4-D） 二噁英 异狄氏剂乙苯铅 林丹马拉硫磷汞萘镍 五氯苯酚多氯联苯（PCBs）、四氯乙烷四氯乙烯（PCE）、三氯乙烯（TCE） 甲苯 氯乙烯 二甲苯	硼钴氟化铜 甲醛草甘膦（农达）甲醇 氯菊酯酚苯乙烯 锡及其化合物	三价铬、铁 锌

第四章　分类和信息管理协议

尽管新西兰环境部为确保本指南尽量清晰正确付出了巨大努力，但环境部并不对由本指南在使用过程中所引发的任何行动负责。本指南不应作为任何特定情形使用者的定义性声明。本指南所有使用者将这些指导方针应用于特定情形（其中，在这些情形下，寻求专家建议有不确定性）时需满足客户和使用者的需求。

致谢

在编制本指南期间，许多人做出了大量贡献。我们要特别感谢 Simon Buckland 博士以及区域废弃物管理人员论坛的各位成员，该论坛代表了整个新西兰地区的每一个区域委员会和单一管理区当局。

我们对 Pattle Delamore Partners 和 Graeme Proffitt 在开发可持续管理基金项目 3056 中的原始分类系统所做出的努力表示感谢。

我们对在 2004 年咨询草案中提出建议的所有个人和组织表示感谢，同时，我们也对下列人士在审查最终草案方面所做出的贡献表示感谢：Simon Berryman，Helen Davies，Bin Qiu，Martin Robertson，Richard Gardner，James Corbett，Sarah Pinkerton，Jenny Easton，Davina McNickel，Phill Reid，Robert Brodnax 和 Andrea Speir。

概述

本文件是新西兰环境部受污染土地管理指南系列的第四份文件。本指南的目的是为了推动建立一个切实有效、全国一致性的框架，该框架有助于地方当局进行受污染土地的调查监测和土地利用管理。本指南推动了地方当局在场地污染确认和分类方面建立最佳实践方法，并为土地所有者及相关方提供信息。

本文件第 1 部分为引言，第 2 部分是有关污染土地的定义说明。该部分描述了信息管理系统的组成部分，其中，包括数据库或者登记注册使用、信息管理基本原则，以及设计一个数据管理系统时所需考虑的问题。

第 3 部分概述了场地分类、危害活动和行业清单（HAIL），并作为污染土地管理指南纲要 A（环境部，2004c）发布。危害活动和行业清单（HAIL）凸显了涉及有害物质的历史以及当前活动。危害活动和行业清单（HAIL）内的场地可为地方当局登记准入提供决策依据。基于地方当局可利用的信息，并根据场地可能对人类造成的风险，或者可能对环境产生的危害进行分类。然后，地方当局可以对这些场地进行优先次序排序，以便于进一步进行调查研究，或者采取措施。同时，也可以向利益相关方提供场地信息，并给出特定场地可能产生风险的指示。

本指南中所使用的分类类别如下所示：

- 土地利用信息；
- 受污染土地；
- 错误。

已经建立的这些分类类别涵盖了各种场地所能落入的通用分组，这可以区分不同场地，其中，包括土地利用历史已知的场地，或者知晓一些关于是否存在有害物质方面的分析信息，但是，根据《1991 年资源管理法》（“土地利用信息”）所规定的受污染土地定义，没有证据可以证实该场地是受污染的土地，同时，也没有证据可以证实这些场地是已经确认受污染的场地（“受污染的土地”）。“土地利用信息”类别将包括具体到某一个场地的信息，例如，该场地已经得到修复或者将要受到管理。

除了解释这些类别外，第 3 部分也介绍了信息确认和场地所有者通知的过程。本指南是基于将场地置于特定类别下所要求的信息、场地从一个类别转换到另外一个类别的建议、所有者通知和咨询过程以及处理特定情况（例如，大型多标题和再分场地）的建议来制定的。概述了所收集的每一个场地的基本信息，同时，提供了确认、登记和场地所有者通知过程的解释性流程图。

第 4 部分介绍了信息发布，并描述了数据在不同相关方之间转换的情形，包括财产和土地信息备忘录。

最后，第 5 部分为有效信息管理提供了一些建议，这些建议有助于促进建立公正、一致性、安全的方法，这些方法可以用于数据收集、存储、更新以及发布。附录包括样本通知函和信息发布格式。

4.1 引言

本文件是环境部所制定的**污染土地**[①]管理五个指南文件中的第四个文件。其他四个指南文件分别为：

- 污染土地管理指南 1：新西兰污染场地报告（环境部，2003a）；
- 污染土地管理指南 2：新西兰环境指导值的分级和应用（环境部，2003b）；
- 污染土地管理指南 3：风险筛选系统（环境部，2004a）；
- 污染土地管理指南 5：场地调查和土壤分析（环境部，2004b）。

根据 RMA，区域委员会具有调查土地使用情况的职责，这是为了确定和监测受污染的土地。行政区当局具有防止或者转移由于开发、细分或者使用受污染土地所产生的任何不良影响的职责。

无论是区域委员会，还是行政区当局，在履行其各自职责的过程中，均可获取大量信息。此外，由于公众对土地污染问题意识增加，地方当局[②]收到了许多信息查询，尤其是关于财产交易或者开发方面的咨询。可用信息的质量问题，以及由于信息发布不当或者错误解释所引发的法律责任方面的问题，由于存在上述这些方面的问题，因此，这就意味着有必要对信息进行细致管理。

4.1.1 目的

本指南目的是为了推动建立一个切实有效、全国一致性的框架，该框架有助于地方当局调查研究以及监测污染土地和管理土地利用影响。本指南推动了地方当局在下述方面建立最佳做法，分别为：确定场地并对其分类，以及为土地所有者及相关方提供信息。

这里所介绍的分类系统是根据不同场地对环境（包括人类）所造成的不良反应或者**风险**或潜在风险来对其进行分组。本系统有助于确立需要进行调查研究或者修复的场地。鼓励地方当局采用这里所提供的分类系统和程序。建立一个全国性的统一系统，这将有助于参与到土地污染信息管理的每一个人“具有共同的语言”，最终，使参与到场地销售、购买、调查、修复和使用的每一个人获得更好的结果。

① 加粗表示的术语将在术语中给出定义。

② 术语“地方当局”是指区域委员会、城市和区委员会（行政区当局）和单一管理区当局。

4.1.2　范围

本指南涵盖环境中存在或者可能存在有害物质的场地，以及那些有害物质对人类产生潜在风险的场地，或者具有较广泛环境影响的场地。

本指南并不涵盖微生物或者放射活性物质等环境污染物，场地在某些情况（例如，场地中污染物引起的风险未能通过另外一种方式阐述）下不适宜进行登记。

请注意，地方当局或者其他监管机构可以选择通过特定方案而不是本指南中系统地来解决广泛性、污染性问题，例如，历史杀虫剂使用或者镉污染。

4.1.3　与其他文件之间的关系

一些区域委员会和单一管理区当局已经制定了土地污染方面的信息管理方法，它们与地区政策说明和计划有关。这些方法通常可以：

- 定义区域优先场地类型和场地的首选结果；
- 提供场地认定的方针和方法；
- 定义场地调查研究、风险评价、场地修复和场地管理的要求；
- 定义信息管理方针和程序，包括数据库开发和信息录入、存储、处理、检索和发布。

行政区当局也可以制定政策和计划来解决潜在土地污染问题，还可以联合区域委员会一起解决，或者在无区域土地污染政策时解决。

尽管本指南的某些部分可以有效地替代地方当局文件中的某些章节，其中，要求有**场地分类系统**和信息管理程序，但是，本指南预期不用于替代地方当局政策或者方针。本指南应结合环境保护部制定的整套受污染土地管理指南以及一些具体行业指南进行解读，这些行业指南可以在环境部官方网站（www.mfe.govt.nz）上获取。

本指南不准备用于为创建特定类型数据库提供精确方法，该数据库可以用于存储土地污染信息。本指南提供了一个整体性信息管理策略，该策略和一整套分类和程序一起，能够用于使不同地方当局之间达成共识。

4.2　管理土地污染方面的信息

土地污染可以由多种方式形成，但主要是由于生产、运输、存储、使用或者处置危害物质造成的。工业活动是主要原因，但是，商业性、农业性和住宅土地使用或者活动也能够产生污染。某个区域土地的污染反过来也会对其他区域的土地、沉积物、空气、地下水或者地表水产生污染，这些污染可以发生于污染源处，也可以发生于远离污染源的地区，有害物质通过迁移引起污染。

土地污染（包括实际和潜在的不良反应或者风险）的意义根据下述方面的不同而有所不同：

- 有害物质的浓度，或者这些有害物质是否存在；
- 与潜在受体（生态系统、植物、动物、人类）相关的有害物质的比例、历史、性质和位置；
- 有害物质和潜在受体之间的暴露途径（例如，某个人如何接触一种有害物质）。暴露途径包括直接接触、摄入、吸收、呼吸吸入蒸汽等。

2005 年修订的 RMA 定义污染土地是下述类型土地之一：

（a）如果有适用的土壤污染物全国性环境标准，那么土壤中污染物浓度比标准所容许的污染程度更高；

（b）如果不存在适用的土壤污染物全国性环境标准，那么土壤中有一种下列有害物质：

（i）该有害物质对环境可以产生显著的不良影响；

（ii）该有害物质可以对环境产生显著不良影响具有相当地可能性。

RMA 章节 30（1）授予区域委员会下述职责：

……对土地进行调查研究，以确认和监测受污染的土地。

RMA 章节 31（1）（b）（ii）授予行政区当局下述职责：

……预防或者转移受污染土地开发、再分或者使用方面的任何不良影响。

区域委员会和行政区当局具有控制土地使用方面的职责，这是为了防止或者转移有害物质在存储、使用、处置或者运输期间所产生的任何不良影响。地方当局也可以获得关于潜在污染活动方面的信息，这在《有害物质和新型微生物法》（1996）和《卫生法》（1956）中对其各自义务进行了规定。行政区当局可以保留土地污染信息，以履行其在下述法律中的义务：关于**工程信息备忘录**（PIMs）的建筑法（2004）和关于**土地信息备忘录**（LIMs）的地方政府官员信息和会议法（1987）。

4.2.1 信息管理系统组成部分

地方当局所使用的污染土地管理信息系统将由下述三个部分组成，分别为：

- 物理数据库或者电子数据库或者登记（“登记”）；
- 对一个场地分类并登记的技术程序（场地分类）；
- 信息关系的行政管理程序（信息管理协议）。

信息管理协议已被进一步细分为数据传送和发布的建议，以及规定数据管理和安全最佳实践的程序。下面描述了登记；关于场地分类和信息管理协议的具体介绍见章节 4.3、章节 4.4 和章节 4.5。

4.2.2　登记

登记是整套物理文件或者电子数据库的一部分，这些物理文件或者电子数据库能够存储场地分类信息，这些信息与可辨认的大量土地有关。**场地**可以是土地的一部分，正如法定说明所定义的那样，或者是法定说明的一部分。场地调查是指有关土地区域方面的信息采集。

区域委员会和行政区当局均有权限访问土地污染信息，以履行其各自职责。本指南推荐每一地区有一个单一主登记，以获得更好的准确度，同时，也为了避免重复工作。根据 RMA 所指定的区域委员会职责，我们假设区域委员会将承担主登记职责。大多数的区域委员会已经保留了相当大数量的特定区域登记范围的信息。作为主登记的承担者，区域委员会有责任审查新的土地信息，以及在最初时或者审查期间，均有责任决定如何对这些场地进行分类和描述。

本指南未排除单个行政区当局持有其所在地区或者城市的登记权，其中，区域委员会将保存最新的副本。登记的主要组成部分是数据和数据处理的准确性，这包括信息分享和信息发布，无论是谁管理登记。如果一个特定区域的行政区当局和区域委员会同意行政区当局承担其自有的登记，那么本指南中所规定的推荐系统也应当作出相应的调整。本调整将不会改变本指南的整体目标。

关于某个场地的其他信息可以保存在财产文件中，以及登记簿之外的电子文档之中。这可以包括用于管理场地信息的其他数据库以及详细的调查研究、评价报告和通信。但是，除非录入一个场地登记之中（见章节 4.3），否则此类信息将不被认为是登记的一部分，即使它与场地污染有关。

本指南提供了一些规则和程序，这些规则和程序可以被所有区域委员会和单一管理区当局采用，其中，这些规则和程序具有相当大的灵活性，以考虑不同地区以及不同地区之间的差异，同时，这里也含有一些建议，以便于当局采用。本指南并未介绍特定的数据库设计或者软件类型。本指南中的方法适用于各种实际信息存储方式，无论是先进的电子数据库还是纸质体系。如果是电子形式，那么登记可被不同地方的管理局共享，同时，具有改变数据的相应权限。共享登记可有助于访问实时、准确的信息，并且可以缓解不同地区管理局之间申请和传送数据的需求。

4.2.3 信息管理原则

本指南基于下述原则来对信息进行管理，分别为：

1. 透明度　对场地信息采集、存储和管理的程序及目的进行清晰记录；

2. 一致性　本指南中所描述的程序适用于所有情形；

3. 公正　场地所有者有机会审查将要登记的或者登记中已经保存的信息，同时，也可以对其进行投诉或者纠正；

4. 质量　及时对信息进行验证确认；

5. 安全　仅被授权的地方管理局官员可以有权限访问登记以查看、增加、改变或者发布信息；

6. 可说明性　审计跟踪将被保留用于记录登记的增加和变更、与其他行政区当局共享的信息以及发布给其他相关方的信息的增加和变更。

这些原则是非常重要的，这是因为进入某项登记的特定场地可对所有者使用或者出售该财产产生实质性的影响。错误信息将有可能使地方当局或者其他相关方承担法律责任。

4.3 场地分类

分类系统的目的是为了给地方当局提供受有害物质污染的场地信息管理的最佳方式，同时将信息提供给场地利益相关方。分类系统的具体目标将为以下方面提供方法：

- 明确哪些可以获取的关于场地对人类或者更广泛的环境产生或者可能产生不良反应或者风险的信息，特别是该场地是否已经受到污染方面的信息；
- 确保类似的场地通过类似的方式进行鉴定，以促进一致性和公正；
- 对场地进行优先次序排序，以便于进一步调查研究、修复或者采取其他措施，或者配置资源；
- 跟踪采取的措施效果，或者场地状态变更情况；
- 记录不精确性；
- 刺激场地所有者采取可以降低场地风险的措施；
- 为相关方提供特定场地可能产生的风险或者不良反应的指示信息。

分类系统由下述部分组成，分别为：

- 场地类别和描述[包括一系列的活动和行业，这些活动和行业很可能已经使用、存储或者处置了有害物质（危害活动和行业清单，或者 HAIL，见章节 4.3.1）]；

- 每一个场地和每一种类别的最少信息；
- 一个场地从一种分类转换为另外一种分类的过程，以及处理特定情形的过程（例如，大场地和分区场地）；
- 维持登记的推荐协议。

地方当局可以以多种形式获取场地信息，同时，所获取的信息的质量和数量可能也有所差别。某个场地如何被分类和如何被描述取决于是否存在有害物质，以及这些有害物质对环境（包括人类）产生何种不良反应或者风险。下述类别致力于确保根据风险程度对不同场地进行识别，同时，也承认可用信息的差异性：

- 土地使用信息；
- 污染土地；
- 错误。

“土地使用信息”栏目包括了以往土地使用信息和当前土地使用信息，以及有害物质信息（如果有）。“污染土地”栏目描述了根据 RMA 中污染土地定义进行分类的污染土地。“错误”栏目是指错误地将场地录入了数据库中的场地。

这些类别也可以用其他的标签表示，例如，“正在调查研究中”。场地调查研究的结果可以对当前的类别进行确认，也可以引起对当前类别的变更。本标签适用于任何类别的场地。

4.3.1　土地使用信息

本栏目是指可以获取某些关于土地使用历史，或者是否存在有害物质，或者二者兼而有之的信息。其中，可能有一个管理计划，或者场地可能已被整治。请注意，本类别中的不同场地并不符合 RMA 关于污染土地的定义；适用于该定义的场地是指“污染土地”类别中的场地。下述描述可以作为某个场地预期作为某种用途时的信息类型指导，如人们对之前园艺土地进行细分，或者购买某处场地资产，就某一个特定场地与相关方进行沟通时，地方当局希望能够利用到这些描述（如果适用）。这些描述可能有助于某个场地的使用和适宜性的决策，也可能指示是否需要采取进一步措施，如场地调查。

如果一个场地与危害活动和行业清单有关，下述方面需要明确：

- 相关土地使用历史未被确认。场地已在危害活动和行业清单中报告，但用途未得到证实；
- 土地使用历史已经得到证实。场地已被证实是危害活动和行业清单中的一个场地。

下面更为详细地介绍了这两种情况之间的差异。

危害活动和行业清单

危害活动和行业清单（HAIL）是已知可能引起土地污染的活动和行业的汇总清单，其中，这些污染是由于有害物质使用、存储或者处置引起的。危害活动和行业清单（HAIL）是第一版澳大利亚和新西兰关于污染场地评价和管理指南的行业活动清单的修订版（ANZECC，1992）。危害活动和行业清单（HAIL）发布的题目是污染场地管理指南纲要 A（环境部，2004c）。另外，每一项清单与每一种危害活动和行业清单（HAIL）类别的典型有害物质一起，均以污染场地管理指南纲要 B 为题发布（环境部，2004d）。

危害活动和行业清单（HAIL）预期用于帮助地方当局确认可能已经发生污染的场地。危害活动和行业清单（HAIL）中的清单并不指示特定场地的特定活动将会对该场地产生污染。

不论哪种行业，涉及有害物质的一般活动均将被列出（例如，石油储藏）。另外，某种行业在清单中列出将基于该行业特有的特定活动是否产生有害物质，因此，应当考虑该行业内的所有场地（例如，木材加工行业）。作为该行业一小部分的特定活动通常在较大场地中是局部存在的，这些活动可能被列出。例如，动物浸洗场地被列出，但是农用场地未被列出，这是因为浸洗场地仅是农耕的一小部分。对于有害物质已被广泛使用的场地将被列在特定的危害活动和行业清单（HAIL）中（例如，危害活动和行业清单（HAIL）29—持续使用农业化合物的地区，或者危害活动和行业清单（HAIL）53—任何其他机构或者活动）。但是，正如章节 4.1、4.2 所述，地方当局可以选择通过其自有方法来解决这些广泛存在的污染问题。

描述一个土地使用历史信息未被证实的场地需要进一步研究和识别。如果土地使用历史未得到证实，那么不能假定场地已经用于某种活动或者土地使用并引起场地污染，如危害活动和行业清单（HAIL）中所描述的活动，除非可以获取此类信息，否则不能假设该场地已经使用了有害物质。对于该描述，没有最低信息要求。信息来源可以包括公众投诉，或者未经证实的口头历史信息。

土地信息历史确认并不意味着可以证实是否存在有害物质。已被确认为危害活动和行业清单中的场地，如果在清单中排序靠前，那么应当对其进行进一步调查研究。如果进一步的研究信息表明某个场地已被错误地列入危害活动和行业清单（HAIL）中，那么该场地应该移动到“错误”类别中。能证实土地使用历史（包括来源）的证据应当详细记录。这些信息应当包括下述的一点或多点：

—— 个人知识，经由一名有资质或者有经验的地方当局官员的场地现场检查记录，并伴有一份纳入该类别的理由说明；

—— 记录从两个来源获得的土地使用的证据（电话簿、交易目录、照片、公司信息、社区历史、地方当局记录），定义位置和使用情况；如果关于土地位置和使用的信息确定，那么一个来源就是充分的，但是仅有一个电话录入一般并不充足；

—— 记录过去所有者、工作人员、邻居、有害物质供应商或者商业顾客的证词，偏好于确凿的证据。如果认定特定的证据是充分的（宣誓书的可信度更大），那么将不需要更详细的证据。如果报告来自不相关方，或者是来自竞争对手，那么详细确凿的证据是非常重要的。

如果已经对场地进行了调查研究，同时，也可以获取关于是否存在有害物质的分析信息，那么保存的信息层次总结和这些信息所暴露的场地方面将是有用的。每次发布场地信息时，应当引用研究的日期。这可以确保信息收到人意识到在研究进行后，场地中有害物质浓度是否已经改变，这是由于场地中的活动所引起。如果同时可以获得有关土地使用和场地调查研究方面的信息，那么这些信息可以进行合并讨论。

评价信息时，对保存的信息是否充分地考虑了土地使用前后的信息进行核查特别重要，因为有害物质可能已经转移。也应当考虑最敏感的暴露途径和受体结合。例如，场地含有行业指南范围内的污染物时，这些有害物质可以通过地下水迁移使临近场地的供水受到污染。在这种情况下，来源场地将很可能被列入“污染土地”类别之中。

下述描述可以作为起始点：

- 已经调查过的场地。调查研究表明，场地中没有有害物质存在。该场地与使用、存储或者处置有害物质的活动或者行业有关，但调查研究表明有害物质浓度为**背景浓度**或者以下。
- 已经调查过的场地。调查研究表明场地中无有害物质存在。该场地之前有有害物质存在，但是，已经对场地进行了修复，降低了那些有害物质的浓度至背景浓度或者以下。

通过以下某一种方式可以描述场地已修复和无有害物质存在。

1. 之前未对场地进行登记，尽管地方当局已经收到了调查研究报告，报告中证实场地已经有有害物质存在，但是，这些有害物质已被移除或者被破坏。

2. 场地之前已被登记为“污染土地”或者“土地使用信息”，但是，已对其进行了修复（或者未来修复）；地方当局已经收到场地验证报告，报告中指出，场地中无存在的有害物质浓度高于背景浓度。

登记上的信息应当明确场地是否进行了修复，同时，场地验收报告明确了之前的污染已经消除，并无外来的有害物质输入。

对于已无有害物质存在的场地，修复工作描述包括有害物质的破坏或者移除。对有害物质的固定只是对风险进行了控制，而不是经过了修复过程。

当场地已经进行了调查研究，且研究表明，场地中存在有害物质，但同时结果也表明，这些有害物质对人类和环境所产生的任何不良反应或者风险很小以至于可以接受，主要包括下述情形：

1. 场地之前未在登记中列出，同时，尽管已经收到了调查研究报告，报告结果也表明场地存在有害物质，但有害物质浓度很低，达到可以接受水平；

2. 场地之前在登记中列出，研究表明，场地中存在有害物质。信息表明，有害物质浓度很低，达到可以接受水平；

3. 场地之前已被列入“污染土地”，同时，也已经采取修复措施；报告表明，有害物质对人类或者环境所产生的任何不良反应或者风险很小，达到可以接受水平；

4. 场地之前被描述为无有害物质存在，同时，也可以获取其他信息，这些信息表明，偶发事件（例如，溢出）可以产生有害物质。但是，有害物质浓度很低，危害程度或风险可以接受。

- 已经调查过的场地。研究表明，场地中存在有害物质，但是，对有害物质对人类和环境产生的任何不良反应或者风险已经进行了管理。

管理计划是指一种风险管理方法，目的是确保人类不接触场地中的有害物质。场地新的所有者应当明确场地使用的各种限制条件。每次发布场地信息时，应当标注引用的调查研究日期。这可以确保信息收到方能够意识到场地中的有害物质浓度是否在调查研究后由于场地中的活动而产生改变。

> 场地可以通过以下四种途径的任何一种进行管理：
>
> 1. 场地之前未在登记中列出，同时已经收到了调查研究报告，报告也表明场地存在有害物质，信息表明已经实施了一项管理计划；
>
> 2. 场地之前在登记中列出，同时，进一步的研究表明场地中存在有害物质，但已经实施了一项管理计划；
>
> 3. 场地之前已被列入“污染土地”，同时，也已经采取修复措施；报告表明，有害物质对人类或者环境所产生的任何不良反应或者风险很小，危害程度或风险可以接受；
>
> 4. 场地之前被描述为无有害物质存在，同时，尽管偶发事件（例如，溢出）可以导致有害物质产生，但已经实施了管理计划。

- 已开展部分调查研究的场地。调查研究表明，场地中存在有害物质；但有害物质对人类和环境所产生的任何不良反应或者风险定量方面的信息有限，这些信息有限的理由如下：

—— 所进行的调查研究并不能解决场地中所有应关注的问题，例如，所有相关环境媒介（例如，地下水、沉积物）；

—— 仅对场地的一部分进行了调查研究（例如，如果对服务站场地中的石油罐进行了调查研究，没有对其他可能有害物质来源进行考虑）；

—— 尚未对当前土地使用或者土地使用有关的所有有害物质进行分析（例如，可能已经对木材加工场地中的铜、铬、砷进行了调查研究，但是，未对五氯苯酚（PCP）进行研究，即使已经在场地中的产品使用中进行了记录）；

—— 已知临近场地中的有害物质迁移到场地中，但是，尚未进行此种效应的定量研究。

在某些特定情况下，可以认为视听证据在描述部分调查研究的场地是充足的，例如，地下水中明显可见的广泛性污渍，已知该区域储存了视觉上可以识别的化学物质，或者已知化合物被溢出。

关于发布的有关场地的信息必须清楚地指出该场地进行了何种调查研究，以及场地哪些方面的研究尚未进行。

4.3.2　受污染土地

受污染土地栏目信息是指存在的有害物质已经或者很可能对环境产生明显不良反应的场地。本类别中的场地适用于 RMA 关于污染土地的定义（见章节 4.2）。

地方管理局必须确认关于某个场地归入此类别之中的证据足够充分。场地之前进入或未进入到登记之中。

下述情形很可能导致土地被分类到受污染土地类别之中：

1. 场地调查研究报告表明，场地中存在的有害物质已经或者和可能已经对环境产生明显的不良反应；

2. 场地之前已被登记到“土地利用信息”类别中，同时，进一步的调查研究已经证实存在的有害物质已经或者很可能已经对环境产生明显的不良反应；

3. 场地之前已被登记到“土地利用信息”类别中，但是，场地使用变更意味着现在场地已经或者很可能已经对环境产生明显的不良反应；

4. 场地之前已被登记到“土地利用信息”类别中，但是，由于场地活动（也就是说，有害物质释放），报告已经确认存在的有害物质已经或者很可能对环境产生明显的不良反应；

5. 在“土地使用信息”类别中对场地中的有害物质监管手段的信息不充分。有害物质已经或者很可能对环境产生明显的不良反应。

确定某个场地是否受到污染，这涉及所有暴露途径的全面评价，这是为了确定场地中是否存在有害物质，以及确定这些有害物质是否已经或者可能对环境产生明显的不良反应。所要求的证据（例如，场地调查研究）、采样和分析应当与环境部指南相一致。如果地方当局未组织专家来评价报告，那么建议寻找独立的同行进行审评。

4.3.3 错误

本栏目中的场地是指已经被错误地录入到登记中的场地。资料表明，场地从未与危害活动和行业清单中的任何具体活动或者行业有关联。

当某个场地最初被列入“土地使用信息”类别时，需要对保存的信息进行审查。如果进一步的信息或者调查研究清楚地表明最初的登记是错误的，那么场地将被分类到“错误”类别之中。“错误”类别是指任何点发现的错误，无论哪种类别，不仅仅是验证阶段（例如，为了对错误地录入登记中的场地的重复录入的重新分类）。

当场地的特定详细信息已被错误地录入（例如，错误的街道地址或者占有者姓名），那么有必要对这些详细细节进行修改（而不是将这些场地归类到“错误”类别），同时，使用正确的信息将该场地进行重新录入。良好的数据管理方案确保记录了这些修改，并对其进行说明。对栏目中所登记的场地的查询应当与“未保留过去或者当前危害活动或者行业的证据”相一致。

在“错误”栏中录入登记的场地的记录可以确保未来将不需要对其进行确定，同时必须提供错误录入的原因和在本栏中变更的原因。如果可以获得充足的证据，那么土地所有者可能优选该场地，因登记的“土地使用信息”已表明场地不存在有害物质。

其他相关地方当局应当关注被错误归类到“错误”类别中的场地，并注意错误的信息是否得到改正。行政区当局文件也需进行改变，以纠正各种错误。

4.3.4　临近登记场地的场地

当收到的信息表明某个场地被归类到“受污染土地”或者“土地使用信息”类别时，则必须对临近场地作出判断，确定这些有害物质是否穿过场地边界进行了转移并造成临近场地的污染，临近场地是否已经在登记中记录。有害物质可以通过下述方式进行迁移：

- 经风中灰尘输送；
- 经雨水中沉积物输送；
- 穿越边界的溢出液体的流动；
- 经由地下或者地上的蒸汽或者气体迁移；
- 非水相液体迁移，除地下水中的相分离物外；
- 经地下水中溶解的有害物质迁移；
- 穿越边界的物理运动（例如，土壤或者废弃物的挖掘和移除）。

临近场地也可被归类至危害活动和行业清单 52 中（任何场地已经或者可能已经受到临场地中存在的有害物质迁移的影响），并且被归类到“土地使用信息”类别，描述如下所示：

- 未确认土地使用历史，如果调查研究报告表明，迁移很可能已经发生；
- 已经对场地进行了部分调查研究，如果有证据表明有害物质已经迁移（例如，溢出物扩展到临近场地），经过检测，该场地已经有有害物质，但没有关于有害物质是否已经或者很可能对环境产生不良反应的信息。

上述任何一种情况下，需开展进一步调查研究以得到证实。

如果采样是在临近场地中进行的，有害物质已经存在，且已经或者很可能已经对环境产生明显的不良反应，那么可以将临近场地归类为“受污染土地”。如果临近场地的采样结果显示所存在的不同浓度有害物质对环境不产生明显的不良反应，可以将此登记为“土地使用信息”。如果采样不能代表整个场地，那么场地被归类为“土地使用信息”时应指出该场地开展的是部分调查研究。

对于那些进一步远离污染来源的场地，而不是临近的场地，除非有证据表明有害物质迁移已经穿越到临近场地，且正在影响更远的场地，否则没有理由将其列入登记之中。但是，如果主要溢出物的风险评价结果显示，遥远场地已处于风险之中，将此类场地登记到“土地使用信息”中应当谨慎，同时指出土地使用历史未被确认，且有待进行进一步的研究。遥远场地不应被列入“受污染土地”类别，除非进一步调查研究表明有害物质存在，且已经或者很可能已经对环境产生明显的不良反应。

4.3.5 多类型或者细分财产

新西兰土地所有制度是基于每一块土地的唯一法定条款。许多财产是由单一地块组成，且有单一法定说明的。但是，一些财产，特别是较大的财产，可能由许多块组成，每一块土地均有一个类型标题。

根据本指南，场地能够包含一个或者多个块。对于具有多类型的场地（以及相应产生的多种法定说明）来说，每一种法定说明应当在记录中记录。场地编号（或者类似物）将表明一个场地是否由多个类型组成。

如果一个公司已经使用了多类型土地，但是，调查研究表明，该公司仅在某些土地上使用、存储或者处置了有害物质，那么在场地记录中，应当确定唯一受到影响的或者相关的地块。在场地清单中应当作出详细记录，但是，需要清晰地指出多类型土地中仅有的某些土地块是否已经被登记。

同样，由单一类型土地组成的大块土地在整个场地来说（例如，一个农场）可能并未受到影响。确定场地使用类型时需要对整个场地授予相同的分类。登记录入应当清楚地列出现有土地受到的影响。接着，使用地形图（比例为 1∶50 000）的地图索引以及其他适宜信息来画出受影响的区域。

大宗土地的细分将会得到一些新的场地，每一个场地均被赋予一个新的类型。如果一个场地起初包含多个土地块，那么单个土地块销售给新的所有者时，有必要创建新的场地来表示它。如果在细分时场地已在登记清单中，那么必须对如何将对这些新类型的土地进行分类作出决策，同时对原始场地的新信息录入登记作出决定。

如果无法获取原始场地受到影响的最新信息，那么所有新类型土地应当自动地默认归类至原始场地。新类型土地应当以原始场地为参考。

如果获取的分类信息足够充分，那么新建立的场地可能根据原始场地进入一个新的分类类型。如果原始调查报告足以详细地显示污染活动仅限于原始场地的某些部分，或者采样结果显示影响的差异性，那么，可以把新建场地归类到一个新的类型。如果有足够的证据表明从旧的分类场地中新创建的场地没有任何与之有关的污染活动（包括有害物质迁移考虑），或者有充足的采样信息，结果表明没有有害物质存在，或者任何存在的有害物质不可能对环境产生明显的不良反应，那么，场地可能将被归类到“错误”类别中或者“土地使用信息”类别之中。被归类到“错误”类别中的新创建场地不应录入登记之中。对于其他情况，新的场地将被分至一个恰当的类别之中，以便于进行审核跟踪。

4.3.6　分类过程

关于场地的信息可以从多种渠道获取。无论获取信息的渠道是哪种，一旦地方当局已经关注到某个场地，那么就需要将该场地的详细信息录入登记系统中，并对其进行验证。

场地分类有多少步骤将取决于所持有信息的类型和性质。无论场地将被置于何种类别之中，验证所持有的信息和通知场地所有者是分类过程的两个基本步骤。

验证过程需要确保信息数量已经获得，同时，这些信息是可靠的。验证的恰当方法将随着场地类型不同而有所不同。例如，如果有关于危害活动和行业清单的信息，那么地方当局应当核查历史信息来源和航空摄影。但是，如果验证某个场地调查报告时，需要确认报告所包含的数据是否在指导值范围之内，同时验证所获取的信息的质量和完整性。

严格的核查过程是非常重要的，这有助于确保登记系统所录入的信息尽可能的准确。这将有助于确保地方当局所持有的信息对财产所有者是公正合理的，同时，对其他相关方也是有用的。

在将场地录入登记时，或者改变场地类别时，通知场地所有者是一个关键的部分。这样可为场地所有者查看关于其场地的信息、增加场地信息和纠正错误提供机会。所制定的条款应当是可接受的，也应当考虑所有者的反对意见。不同地方当局的通知过程可能有所不同，这取决于持有的场地信息的类型和性质。下述章节描述了从开始到结束的一般过程。下列描述了初始登记过程或场地从一个类别转换到另外一个类别过程中信息验证和通知所有者的工作程序。

4.3.6.1　验证

为了便于审核跟踪，同时也为了查明对特定文件或者记录是否进行了验证，我们建议地方当局实施记录过程验证。应当标出相关的详细细节，例如，接收日期，文件或者记录是否已经验证，验证日期，验证人签名（或者电子签名）以及验证过程中所使用的交叉引用的任何其他文件。

如果文件的内容或者其他信息片段不能被验证，或者发现它们是错误的，那么应当相应地对这些文件进行标识，指出其是有自相矛盾证据的参考文献。

4.3.6.2 分类和咨询过程

验证地方当局对其土地建议分类和通知场地所有者的过程需要清晰可靠。下面概述了该过程，总结见图 1。

（a）接收到场地的信息：例如，场地环境调查、场地溢出物报告或者场地有害物质释放，或者一个场地中危害活动和行业清单活动已经发生或者正在发生的现象。

（b）登记系统记录了可以获取的场地信息详情：如果场地未登记，那么场地详细情况[例如，地址和法定说明（见附录 A）]需要录入登记上，同时，该场地被列入“土地使用信息”类别之中。并标注尚未确认土地使用信息。

（c）验证信息：地方当局应当对所收到的所有信息进行仔细的考虑和验证。同时结合环境保护部相关指南文件对其进行审查。如果发现信息错误，那么场地应该仍保留在其当前类别之中，或者被归类至“错误”类别之中，此时无须对所有者进行通知。

（d）官员准备一份报告：地方当局报告应当包括下述内容，分别为：

- 场地历史；
- 如果有关于场地的报告，那么：

—— 名称、日期、作者和概要详细信息；

—— 评价场地所依据的指南；

—— 关于场地中有害物质浓度是否符合或者超出指南中规定的适用数值的概述；

—— 关于是否会对环境产生明显的不良反应的评价结果；

—— 任何特定场地的评价报告或者管理计划的参考文献，这些文献旨在减少场地中有害物质的暴露以及相应的风险；

—— 官员对报告的评论。

- 场地将被录入数据库的建议类别。

（e）通知场地所有者：向场地所有者提供一份地方当局报告的复印件，包括地方当局对其场地推荐的分类类别（见附录 B 示例信件）。场地所有者有一定合理的期限（例如，20 个工作日）来提供其他信息，以改变推荐的分类类别，或者纠正错误。对场地所有者给出何时何地将报告递交地方当局高级官员或者管理者给出建议，以获得对场地的最终分类决定，同时，如果他们愿意可以邀请他们参加决策会议。

（f）更新报告：地方当局官员将根据场地所有者提供的任何其他合法信息来对报告进行更新。如果场地所有者要求更多的时间来收集其他信息，那么应当重新设定资料递交给高级官员或者管理者的日期。

（g）递交报告：地方当局官员向高级地方当局官员或者管理者递交报告以及推荐的分类类别。场地所有者（如果在）有机会提供输入信息。

（h）对推荐的分类类别进行确认或者作出变更的决定：此阶段应当告知所有者最终的决定及其原因（见附录B　示例信件）。场地所有者有一定合理的期限（例如，20个工作日）来提供其他信息，以改变推荐的分类类别。如果未收到回应，那么确定场地类别。此时场地的使用信息将可以被查询使用，或者递交给相关行政区当局。

如果对分类类别有疑问，那么场地所有者能够建议采取何种分类类别比较合适。如果未能够达成共识，那么场地所有者和地方当局官员应当将其各自建议的分类类别递交给高级地方当局官员、管理者或者委员会。之后，委员会或者高级官员决定场地应被分到哪种类别之中。本过程的时间表应根据不同的具体情况决定，这也需要地方当局和场地所有者协商，以达成共识。

4.3.6.3　场地分类审查

对场地分类的审查可能引起对原始分类类别的变更。审查可从下述内容开始：

- 获得了进一步研究性信息（包括修复措施或者管理措施）；
- 土地使用或者地区分区计划改变，或者场地将要被再分；
- 有害物质释放事件后，场地所有者提供的信息；
- 有害物质释放事件后，另外一方提供的信息（例如，新西兰环境风险管理局管理的有害物质释放数据库）。

大多数情况下，区域委员会将会收到信息，并开始着手进行审查。当行政区当局意识到信息与场地当前状态相反时，则应当通知区域委员会，以便于其开始进行审查。

通知场地所有者进行审查、建议的新的分类类别以及任何其他信息。除重新分类被归类至“错误”类别外，否则所有者应有机会提供其他信息，或者提出反对意见，这在分类过程中进行了概述。场地所有者应在登记记录的决定之前通知到。建议的分类类别将被记录到登记系统中，场地标记为“正在调查研究之中”。除非建议的分类类别被采纳，否则现有的分类类别将继续有效。

场地所有者可以通过提供新的信息来发起审查请求。接着，地方当局应当在合理时间段内对其进行审查，并给场地所有者留有时间进行评论，或者抗议建议的分类类别，这也在分类过程中进行了概述。

一旦区域委员会完成了审查，那么相关的行政区当局应当告知结果，以便于行政区当局使用这些信息（例如，用于计划决策或者信息的公开咨询）。

4.3.7 建议的登记录入

正如章节 4.1.3 中所述，本指南不侧重于描述登记、电子或者其他形式的特定结构或者设计过程。其目的是为确定提供在登记中所需的最少信息，如下所述。登记应当被分为下述三个信息子集，分别为场地详情、场地状态、信息传送和发布的记录。

4.3.7.1 场地详情

本类别中的信息应当包括（如果已知或者有关）：

- 场地位置；
- 法定描述；
- 所有权；
- 过去和当今场地使用情况；
- 存储或者使用过的有害物质；
- 地方当局文件引用；
- 参考的其他相关场地（对于多类型和再分场地）。

4.3.7.2 场地状态

场地状态详情包括一系列的记录或者文件注释，这些注释在每次场地分类或者被重新分类时建立。同时，分类的原因、研究报告参考文献、有害物质及其浓度、关注的暴露途径和受体，以及评价中所使用的环境指南数值等，均应当标注出来。插旗标记指示场地正在调查研究中（也就是说，当前正在收集或者审查其他信息）。其他详情，例如，地方当局官员姓名、分类日期，以及记录是现行有效还是已作废，均应提供一份审计跟踪。

如果出现下述情况之一，记录将作废：

- 已经进行了新的分类并开始生效；
- 在对场地细分或者类型合并后，场地已经被新的场地分类取代，在这种情况中，新的场地和已作废的场地之间将会交叉引用。

4.3.7.3　信息传送和发布的记录

应当对每一个场地的信息传送和发布记录进行注释。记录公众请求、有关这些请求的决定以及传送给行政区当局或者其他机构（无论是常规传送还是一次性传送），都有助于进行审计跟踪。

4.4　场地信息传送和发布

地方当局可以通过多种方式获得有关场地污染状态方面的信息，这些方式包括：

- 回复其他地方当局或者监管机构的请求；
- 根据地方政府政务信息和会议法（LGOIMA，1987）第 44A 条发布土地信息备忘录（LIM）；
- 根据《建筑法》（2004）第 31 条和第 32 条发布工程信息备忘录（PIM）；
- 回复地方政府政务信息和会议法（LGOIMA）的请求（申请人是不是特指 LGOIMA）；
- 通过计划过程（例如，地区计划条款、地图或者危害登记）；
- 经由志愿途径或者非法规监管途径，例如，一个公开网站上的地图信息系统地图。

提供的信息应尽可能的准确和可靠，同时，应清晰地标注任何不确定性或者差异。每个地区由一个主登记系统来完成，以降低不确定性并能更加便捷地控制实施的准确度。正如在章节 4.2.6 中所讨论的，本指南建议区域委员会承担本地区的主登记，尽管登记系统可被该地区的所有行政区当局以电子形式共享。主登记应由主要地方当局或者那些经适宜授权的机构进行持续地更新。当发布有关场地信息时，行政区当局所共享的信息可以使他们知晓该场地的状态。如果行政区当局关注到场地具有新的信息，或者如果行政区当局所收到的信息为不正确或过时时，那么行政区当局应当告知场地所有人。

应当尽可能全力对这些信息进行验证，无论信息是主动要求还是自愿提供。但是，地方当局是唯一汇总并评价场地信息的机构，同时，也应当明确，人们不应单纯依赖这些信息，应学会作出判断。这只是一种声明，声明陈述阐明了信息准确性和可靠性的缺陷。

本章描述了公众申请信息，以及不同区域委员会、行政区当局和其他政府机构共享信息的程序。这些程序假设区域委员会承担主登记，但是，如果行政区当局保存登记时，可对其进行修改以适应实际情况。

4.4.1 向公众发布信息

向公众发布信息可以自愿进行，也可以应公众申请提供。地方当局选择通过区域计划、土地信息备忘录或者工程信息备忘录，或者其他方式来公布信息。

个人可以根据 LGOIMA 向地方当局申请获取官方信息，或者根据《建筑法》（2004）申请获取有关建筑工作的信息。地方当局必须根据相关法规对场地污染状态信息的申请作出决定。

当地方当局根据 LGOIMA 应公众申请而善意地发布信息时，根据第 41 条避免受到民事或者刑事诉讼。另外，《建筑法》（2004）第 390 条也提及了善意地发布工程信息备忘录应如何避免受到民事诉讼。但是，地方当局对土地信息备忘录做出回复时，并没有相应的法规保护。地方当局自愿的发布信息或者将信息传送给另外一个地方当局时，他们也未受到相应的法规保护。

公众也可以咨询有关与不动产交易和不动产开发相关的土地污染方面的信息。因为场地调查往往正好在不动产交易和不动产开发前完成，因此，有必要保持登记处于最新状态。另外一方面的原因是受污染土地所引发的公众健康或者环境恶化并发症。

下述子章节概述了向公众发布信息时的一般建议。

4.4.1.1 信息请求的回应

在信息录入前，应当对登记的信息完成核查（见章节 4.3.6）。所发布的任何信息均应包括验证日期，并清楚地声明在那个时候该信息已经过验证，且是正确无误的。尽管发布前也应当做出各种尝试以验证信息，但是，我们建议任何未验证的信息应当被清楚地标记为这样，包括文件副本和电子数据库中的特定记录。

地方当局应当清楚地指出所发布信息的准确性或者可靠性方面的缺陷。章节 4.4.4 更为详细地讨论了声明书。

如果地方当局尚未开发信息申请表格，则鼓励开发。表格能够使信息申请过程更加便捷，特别是在对技术术语不太熟悉时。这些表格可以通过公众柜台，或者在地方当局网站上获取。这些申请表格强调所提供信息的缺陷，以及阐明人们对信息的可信任程度方面非常有用。

章节 4.4.1.3 制定了区域委员会发布信息所使用的推荐表格格式，这些表格可用于场地分类，其在章节 4.3 中有介绍。

4.4.1.2　土地和工程信息备忘录

根据 LGOIMA，个人可以向行政区当局申请报告有关对该区域土地造成影响的土地信息备忘录问题。地方行政区当局需发布关于土地“很可能存在有害污染物”方面的信息（章节 44A[2][a]LGOIMA）。

根据《建筑法》(2004)，预期进行建筑工作的所有者可以向行政区当局申请有关工程进度的工程信息备忘录。此类申请必须是《建筑法》第 33（1）条中规定的格式。同土地信息备忘录一样，工程信息备忘录也必须包括可能存在有害污染物的信息。

土地信息备忘录和工程信息备忘录已成为土地污染信息发布的重要机制。当考虑购买或者租赁一处不动产时，人们可以使用土地信息备忘录作为一种正当手段来判断该处不动产是否值得购买，以及是否适宜作为推荐的使用用途。如果地方当局向申请人提供最佳可能信息时，推荐提供的信息包括（至少）章节 4.4.1.3 中所列出的内容。

2004 年，环境部根据刑法发布了两项有关 LGOIMA 要求的法律意见，因为它与土地信息备忘录中关于不动产存在的潜在有害污染物纳入信息有关，这是由于其作为园艺历史用地所致（请见 www.mfe.govt.nz/issues/hazardous/contaminated/）。

地方当局认为 LIM 报告中的土地归为“受污染土地”类别，这是因为有证据表明场地确实存在有害物质。如果报告中的场地处于“土地使用信息”类别，那么地方当局应当介绍有关可利用信息的局限性（例如，研究不充分），以便于接收人能够作出正确的决策或者寻求更多的建议。附录 D 中的样本声明可根据不同的土地信息备忘录目的而有所调整。

对于一些被分类为“土地使用信息”类别的场地来说，已知场地中有危害活动和行业清单活动发生，或者正在发生；或尚未进行研究以确定有害物质是否实际存在。地方当局可能认为在土地信息备忘录中报告这些场地是合适的，特别是在没有其他可行途径来发布该信息（例如，经由网站）的情况下。任何土地信息备忘录声明应当清楚地方当局是否仅有关于土地使用的信息，或者有关于是否存在任何有害物质或者污染物的信息。

地方当局必须确保土地信息备忘录中报告的信息是正确的。因此，验证信息的过程需要足够可靠（见章节 4.3.6）。如果地方当局不能确定特定场地的有关信息发布的真实性，则需寻求法律帮助。

4.4.1.3 向公众发布信息的格式

直接向公众发布的信息应当用适宜的纸质格式，其中，场地细节应当包含在内。附录 D 中介绍了每一个场地类别的样本声明。

信息应当包括：

- 场地位置和法定说明；
- 登记上的场地类别，包括分类日期（如果相关）；
- 场地分类定义以及保存的信息内容和指示内容的描述（见章节 4.3 中的描述）；
- 参考的文件编号和分类所基于的报告；
- 免责声明；
- 地方当局联系人或者职位。

地方当局也可以对所进行的研究进行概述；地方当局政策、计划或者土地污染策略的详细细节，以及信息收集和发布所依据的法规。地方当局应当在不引起歧义的前提下应用这些沟通的技术术语，例如，“清理”可以取代“修复”，或者何种修复措施是有用的解释。

如果所申请查看的场地信息被分类至“错误”或者“土地使用信息”类别，或者现有信息仅表明关于危害活动和行业清单土地使用的证据未经验证，那么地方当局应当指出关于能表明场地中的危害活动和行业清单活动的信息尚未验证。

4.4.2 不同机构之间的信息传送

不同区域委员会和地方当局，或者其他政府机构之间的信息均可以交换。正如我们已经看到的，不像根据申请机制（例如，土地信息备忘录或者工程信息备忘录）来发布信息那样，地方当局在自愿地传送或者发布信息时，未受到民事法律的法律保护。鉴于信息传送错误可能引发的责任问题，以及丧失对原始所有者第一次传送信息的控制所引发的责任问题，我们建议应当建立此类传送的协议。从主登记传送到地方当局或者其他监管机构的信息应当包括一般免责声明或者特定免责声明。

信息传递情形包括：

- 从一个区域委员会传送到一个行政区当局，以更新行政区当局的信息（例如，定期、一次性传送或者应申请进行回复）；
- 从一个行政区当局传送到一个区域委员会，以更新主登记（例如，土地使用、有害物质存储或者使用、场地细分有关的信息）；

- 传送给另外一个政府机构，或者从另外一个政府机构传送过来（例如，劳工部）。

4.4.2.1 区域委员会和行政区当局之间的信息传送

行政区当局和区域委员会之间是信息共享集团利益。获取最准确的可用信息是为了降低人们应用这些信息时可能产生的危害，同时，也为了降低地方当局因发布或者使用错误或者不完善信息而负有的责任风险。

本指南建议，区域委员会以尽可能的用户最友好界面方式来将可利用的主登记信息传送给其所在地区的行政区当局，例如，通过一个安全的网络，行政区当局可以查看登记，并提供他们所持有的区域委员会的任何信息，以验证和更新登记。

正如之前所述，地方当局应当建立信息共享的协议。他们应当根据各自的法律责任开发一些系统来保存、评价和发布信息（如果适宜）。协议应当涉及下述方面，分别为：

- 维持其各自系统的信息安全；
- 从其所在区域获取区域委员会的更新信息；
- 汇总并定期地将信息传送给区域委员会；
- 汇总并一次将信息传送给区域委员会。

区域委员会应当拥有下述协议：

- 登记设计、开发和安全；
- 用于定期地接收行政区当局的信息，并将信息传送给行政区当局的系统，这些信息包括场地数据验证、场地评价和分类以及登记数据录入；
- 当收到新的信息时，评价或者审查场地分类。

请注意，如果行政区当局持有主登记，那么相反的模式也是可能的，其中，责任也应进行相应的对调。

信息从行政区当局到区域委员会的定期传送应当包括下述内容，分别为：

- 对于进入危害活动和行业清单中的场地、其他用途的场地或者存储有害物质的场地，向行政区当局告知申请是许可还是反对，以及相关信息的转换；
- 有关有害物质泄漏或者未授权发布的信息引起了地方当局官员的关注；
- 可能引起地方当局官员关注的其他信息，这些信息表明实际或者潜在的场地污染；
- 关于资源许可、细分许可或者区域计划变更的申请，其中，这些变化可能影响登记。特别的是，如果行政区当局承认分区变化或者许可申请适用于登记中的场地，那么应当告知区域委员会，以便于区域委员会能够核查并更新其登记（如果适宜）。

信息传送应当定期进行，该期限是所有各方达成共识的期限。不同场地具有的问题（例如，场地研究调查、修复、销售、购买或者开发）应当由合适的地方当局在其发生时提出。

从区域委员会传送到行政区当局的定期信息传送可以包括下述方面的内容：

- 在不少于三个月的间隔内更新信息，或者根据监管机构之间达成的协议进行更为频繁的更新；
- 应土地信息备忘录或者工程信息备忘录请求一次性转移场地信息，或者向行政区当局申请许可或者计划变更。

4.4.2.2 传送给其他政府机构

关于信息传送给其他政府机构（当收到请求时），应当具体问题具体分析，需遵循本指南中提供的一般原则。

4.4.3 总结信息的发布或者传送

当场地未进行具体识别时，本指南并不适用于此类场地信息的发布。环境报告或者年度报告声明中汇总的总结表格或者统计表格方面的信息可自由发布，其中对于不能被识别的个体场地，除地方当局认为有必要这样做外。如果可以识别个体场地，那么本指南应该可以适用。

4.4.4 免责声明

鉴别信息准确度和可靠性的免责声明应当伴随所有的信息发布或者信息传送。免责声明中应当包括信息接收人判断是否可以依赖这些详细的信息或是部分信息作出明智决策。免责声明也应当清楚地指出地方当局对任何不准确信息或者信息遗漏，或者此种不准确或者遗漏所致的任何后果均不承担责任。

免责声明有助于降低地方当局对于可用信息的数量和质量所负有的法律责任的风险。如果已经建立了关于定期信息传送的理解备忘录、合同或者其他法律文书，那么地方当局可能需要考虑是否有必要包含一项条款，该条款规定提供信息的地方当局并不承担与该信息有关的任何法律责任。地方当局应当在编写免责声明时，在措辞方面得到合适的法律建议。

4.5 登记管理和安全

鉴于一些土地信息的敏感性和有信息错误情况或者发布后所引发的潜在后果，对登记中的信息进行正确和恰当的管理是很重要的。质量保证程序将可以尽可能地降低不准确数据的发生。同时需保证登记安全，这样做可以避免数据破坏、意外或者不适宜的数据发布。

本章没有介绍造成安全暴露和控制的各种可能性，或者规定如何维护电子数据库中的安全性。下述章节只是强调了地方当局对敏感信息或者需要保护的信息所需考虑的方面。

4.5.1 信息安全

场地的初次登记或者场地类别变更应由一名经授权的地方当局官员按照章节4.3.6中制定的程序进行。对于不会引起场地类别变更的现有登记记录的修改由一名经指定的地方当局官员进行，或者由数据录入工作人员在其监督下进行。应当仔细进行以确保录入是准确的（例如，通过核查电子数据的打印件）。

除非地方当局之间达成共识，否则行政区当局改变主登记是不合适的。行政区当局了解到该信息与主登记上的信息有冲突时，信息应当递交给区域委员会，其能够承担验证和登记录入。

内部控制需要由地方当局工作人员调节输入、变更和访问数据。变更仅应当由授权的工作人员进行。地方当局应当开发和实施信息登记、发布和工作人员培训的使用程序。

4.5.2 审计跟踪

应当对登记系统中的数据录入、变更或者公布进行记录，这是为了提供审计跟踪。记录应当包括变更数据或者发布数据人员的日期和身份。

与场地有关的全部信息是由一系列记录组成的，包括当前的记录和已经作废的记录。不应当删除登记系统上的登录信息。通过对相关场地记录进行适当的改变以增加信息或者更改场地分类时应备有注释。本过程应在将场地移动至“错误”类别之后进行。拥有完全访问权限的地方当局官员能够查看但不能更改之前的录入信息。

应当对所有的电子文件和纸质文件进行合适的存档。地方当局可以选择保存场地信息发布的记录，例如，信函、土地信息备忘录声明或者官方信息申请副本。

附录 A：推荐的登记录入

下述信息可以包含在地方当局录入登记系统的场地信息内。

场地详情

（a）法定说明；

（b）地址；

（c）评估系列编码；

（d）引用地图；

（e）行政区当局；

（f）参考文件；

（g）场地所有者；

（h）场地所有者地址；

（i）场地联系人（如果与场地所有者不同）；

（j）场地联系人地址；

（k）首次录入日期；

（l）录入人姓名；

（m）当前的场地使用（来自危害活动和行业清单）和场地中当前使用的化合物；

（n）过去的场地使用（有必要输入多种信息，应涵盖所有历史场地使用情况，包括操作日期和使用的化合物日期）；

（o）资源许可；

（p）相关的场地—多类型不动产的其他场地的法定说明；

（q）评论；

（r）场地录入状态（例如，是否指之前已经作废的信息）；

（s）如果已经作废，更换场地录入信息。

场地状态（记录每一种分类，包括当前和新的状态）

（a）类别（“土地使用信息”/“受污染土地”/“错误”）；

（b）正在调查研究之中（是或者否）；

（c）分类原因（保存的信息以及对其表明内容的概述）；

（d）分类日期；

（e）场地分类（地方当局官员的姓名和职位）；

（f）信息来源（日期）；

（g）研究报告和参考文献（日期）；

（h）关注的暴露途径和受体；
（i）化合物浓度和使用的指导值；
（j）评论（日期）；
（k）作废日期（如果适用）；
（l）授权作废（如果适用）。

信息传送或者发布的记录（每次申请的录入）

（a）申请性质；
（b）申请人姓名；
（c）申请人详细联系方式；
（d）申请人关注的场地（例如，场地所有者、潜在购买者）；
（e）申请日期；
（f）决定；
（g）场地决策（地方当局官员的姓名和职位）；
（h）决定日期；
（i）决定原因；
（j）发布的信息详情；
（k）发布日期；
（l）有关评论。

附录 B：样本通知信

地方当局可以根据其具体要求以下面的样本信作为起始点。

样本信 A：初始场地登记

给场地所有者
（地址 1）
（地址 2）
（镇/市）
尊敬的先生/女士，

地址：

法定说明：

场地编号：

登记系统中的场地（区域委员会名称）

根据《资源管理法（1991）》，（区域委员会名称）有责任对土地进行调查研究，以监测和确定土地是否受到污染。由于上述原因，区域委员会正在汇总场地的登记信息，这些场地已经表明受到污染或者已经被用于可能产生污染的活动。登记是基于全国分类系统进行的，该系统是由地方当局联合环境部一起开发的。

本信的目的是为您的不动产（或者您的不动产的一部分），也就是所谓的“场地”，是否已经纳入到登记系统提供建议。区域委员会已经收到了您的场地的信息，并且，也对该信息进行了审查，准备了一份报告，该报告详细描述了纳入的背景信息和理由。关于您的场地的报告和其他信息已保存于（区域委员会名称）（文件编号）之中。作为场地所有者，您有权访问关于您的场地的所有信息。

对您的场地的评价（如果有哪个部分不适用，请删除）

（区域委员会名称）工作人员已经审查了您的场地的过去活动和当前活动的信息。您的场地已被建议记录在登记系统中的“土地使用信息”类别。

（在下述部分中选择一项或者多项）

- 场地报告表明场地出现了危害活动并进入到了行业清单中，但是，报告的使用情况尚未得到确认。
- 场地已被确认存在危害活动，并且是行业清单中的一个场地。
- 研究表明，场地中没有有害物质；场地与有害物质使用、存储或者处置的活动或者行业有关，但是研究表明有害物质浓度在背景浓度以下。
- 研究表明，场地中没有有害物质。场地之前存在有害物质，但已经对场地进行了修复，有害物质浓度已经降低到背景浓度或者以下。
- 研究表明，场地中有有害物质存在，但场地对人类和环境的不良反应或者风险很小，其水平是可以接受的。
- 已经对场地进行了调查研究。研究表明，场地中存在有害物质，但对人类和环境所造成的任何不良反应或者风险进行了管理。
- 研究表明，场地中存在有害物质，但现有的信息不足以对人类或者环境造成的任何不良反应或者风险进行定量。如果能够证实活动仅在部分场地发生，那么也请在登记上指出。或者（区域委员会名称）工作人员已经审查了您的场地的过去活动和当前活动的信息，且已经证实您的场地中所含有的有害物质很可能对环境产生了明显的不良反应。因此，建议您的场地在登记上记录到“受污染土地”类别。您的场地符合《资源管理法（1991）》中“受污染土地”的定义。

输入机会

如果本信息任何地方有错误或者您希望与我们就您的场地建议登记进行讨论，您可以通过（电话号码）联系我，或者经由（添加日期）书面向区域委员会提供任何其他信息。

关于您的场地在登记系统中的建议将递交给（高级地方当局官员），他将对该建议进行审查，同时也对其他递交的任何信息进行核实，并决定该场地纳入此类别是否合适。您将被告知该决定，并且有机会提出反对意见，或者讨论该决定。

一旦决定了您的场地的建议类别，我们将通知（行政区当局名称）。我们提供给（行政区当局名称）的信息副本也将给您一份。我们将发布关于您的场地的信息，以对信息申请做出回应，例如，土地信息备忘录。关于您的场地的信息也可在（区域委员会名称）查到，其可以用于回复查询。

如果您对本过程有任何问题或者疑问，请立即联系我。

真诚的，

（地方当局官员姓名）

受污染场地官员

样本信 B：变更当前登记类别的其他信息或者建议的通知

给场地所有者

（地址 1）

（地址 2）

（镇/市）

尊敬的先生/女士，

地址：

法定说明：

场地编号：

收到的其他信息/登记系统中类别变更通知（区域委员会名称）（如果有哪部分不适用，请删除）

根据《资源管理法（1991）》，（区域委员会名称）有责任对土地进行调查研究，以监测和确定土地是否受到污染。由于上述原因，区域委员会正在汇总场地的登记，这些场地已经表明受到污染或者已经被用于可能产生污染的活动。登记是基于全国分类系统进行，该系统由地方当局联合环境部一起开发。（如果有哪部分不适用，请删除）

本信件的目的是告知您关于您的场地的其他信息，并邀请您对区域委员会保存的信息进行检查，同时对其进行评论。

您的场地目前记录在登记系统中的“土地使用信息”类别中。这也就是（描述和解释）。（区域委员会名称）已经收到并审查了其他信息，这些信息表明了（信息自然状态及其所表明的场地内容）。关于您场地的报告和其他信息保存在（区域委员会名称）（文件编号）中。作为场地所有者，您可以获取关于您的场地的所有信息。

如果本信息任何地方有错误或者您希望与我们就对您的场地建议登记进行讨论，您可以通过（电话号码）联系我。

我们将通知（行政区当局名称）关于您的场地的其他信息。我们提供给（行政区当局名称）的信息副本也将给您一份。我们将发布关于您的场地的信息，以对信息申请做出回应，例如，土地信息备忘录。关于您的场地的信息也可在（区域委员会名称）查到，其可以用于回复查询。

或者

您的场地当前在登记系统中记录为（分类）。这也就是（类别描述和解释）。本信件的目的是告知您关于您的场地所收到的其他信息，以及区域委员会变更您的场地类别至（建议的类别）的意图，并邀请您核查委员会保存的信息，以及建议变更的评论。

（区域委员会名称）已经收到并审查场地（信息自然状态及其所表明的场地内容）其他信息。关于您的场地报告和其他信息保存在（区域委员会名称）（文件编号）中。作为场地所有者，您可以获取关于您的场地的所有信息。

关于您的场地在登记系统中的建议将递交给（高级地方当局官员），他将对该建议进行审查，同时也对递交的其他任何信息进行核实，并决定将该场地纳入此类别是否合适。

输入机会

如果本信息任何地方有错误或者您希望与我们对您的场地建议登记进行讨论，您可以通过（电话号码）联系我，或者经由（添加日期）书面向区域委员会提供任何其他信息。

关于您的场地置于登记的建议将递交给（高级地方当局官员），他将对该建议进行审查，同时也对递交的其他信息进行核实，并决定将该场地纳入此类别是否合适。您将被告知该决定，并且有机会提出反对意见，或者讨论该决定。

一旦决定了您的场地的建议类别，我们将通知（行政区当局名称）。我们提供给（行政区当局名称）的信息副本也将给您一份。我们将发布关于您的场地的信息，以对信息申请做出回应，例如，土地信息备忘录。关于您的场地的信息也可在（区域委员会名称）中查到，其可以用于回复查询。

如果您对本过程有任何问题或者疑问，请立即联系我。

真诚的，

（地方当局官员姓名）

受污染场地官员

样本 C：决定通知

场地所有者姓名

（地址 1）

（地址 2）

（镇/市）

尊敬的先生/女士，

地址：

法定说明：

场地编号：

登记系统中的场地（区域委员会名称）

对于我（添加日期）的信件，我写该信件的目的是告知您（高级地方当局官员职位）已经审查上述场地的有关信息，并且决定该场地将被登记在（区域委员会名称）中的（类别）。这就是（类别描述和解释）。您的信息附有类别列表。

如果您反对该决定，请在（反对日期）内递交您的反对理由。如果委员会在该日期之前未收到任何您的书面反对意见通知，那么场地类别将得到确认。

我们将通知（行政区当局名称）关于您场地的其他信息。我们提供给（行政区当局名称）的信息副本也将给您一份。我们将发布关于您的场地的信息，以对信息申请做出回应，例如，土地信息备忘录。关于您的场地的信息也可在（区域委员会名称）查到，其可以用于回复查询。

如果您对本过程有任何问题或者疑问，请立即联系我。

真诚的，

（地方当局官员姓名）

受污染场地官员

（请附上场地类别的副本[见附录 C]，信息副本将被递交给行政区当局，如果有必要，也需要递交评价报告）。

附录 C：场地分类类别

下面描述了三种类别格式，地方当局可以对其进行修改，并且提供给公众或者相关方（例如，附录 B 中的信件）。

土地使用信息

本类别是能够获得土地使用历史或者是否存在有害物质等相关信息的场地。

下列描述与某个具体场地有关。

- 尚未确认的土地相关使用历史。该场地已被报告为危害活动和行业清单中的一个场地，但报告的使用尚未得到确认。
- 已经确认土地使用历史。该场地已被确认是危害活动和行业清单中的一个场地。
- 已经调查研究了场地。研究结果表明，场地中不存在有害物质。场地与有害物质使用、存储或者处置的活动或者行业有关，但研究结果表明，有害物质浓度为背景浓度或以下。
- 已经开展过调查研究的场地。研究结果表明，场地中已不存在有害物质。场地之前存在有害物质，但对场地进行了修复，场地中的有害物质浓度降低到背景浓度或者以下。
- 已经开展过调查研究的场地。研究结果表明，场地中存在有害物质，但对人类和环境造成的任何不良反应或者风险很低，其水平可接受。
- 已经开展过调查研究的场地。研究结果表明，场地中存在有害物质，但对人类和环境造成的任何不良反应或者风险已经进行了管理。
- 已经开展了部分研究的场地。研究结果表明，场地中存在有害物质，但是尚没有足够的信息来对有害物质对人类或者环境造成的任何不良反应或者风险进行定量。

受污染土地

本类别中的场地符合《资源管理法（1991）》中关于受污染土地的定义。已经对场地进行了调查研究。场地中存在有害物质，或者很可能已经对环境造成了明显的不良反应。

错误

本类别中的场地是指错误录入到登记系统中的场地。信息表明，该场地从不与危害活动和行业清单中的任何具体活动或者行业有关。

附录 D：信息发布声明

下述信息发布声明可以作为地方当局的起点，地方当局可以根据其具体要求对其进行相应的修改。这些声明不能直接替代符合土地信息备忘录的要求。

未出现在登记系统中的场地或者分类至“错误”类别的场地

（日期），（区域委员会名称）未有关于位于（街道地址、法定说明）的场地中的有害物质使用、存储或者处置的证据。

请注意，（区域委员会名称）的记录是不完全的。附件是有关有害物质使用、存储或者处置的活动和行业清单。通知确定您所关注的场地是否已经或者曾经有这些活动或者行业。

（**免责声明**）

更多的信息可以从（区域委员会名称）或者（行政区当局名称）的（地方当局官员姓名）处获取。

（附件是危害活动和行业清单副本）。

土地使用信息

（日期），（区域委员会名称）描述了关于位于（街道地址、法定说明）的场地的一些土地使用方面的信息。

（从下面选择使用的描述）

- 尚未确认相关的土地使用历史。该场地已被报告为危害活动和行业清单中的一个场地（附件是副本），但是，报告的使用尚未得到确认。
- 已经确认土地使用历史。该场地已被确认是危害活动和行业清单中的一个场地（附件是副本）；场地用于或者已被用于（清单活动）。
- 已经开展过调查研究的场地。研究结果表明，场地中不存在有害物质。场地与有害物质使用、存储或者处置的活动或者行业有关，但研究结果表明，有害物质浓度为背景浓度。或者
- 已经开展过调查研究的场地。研究结果表明，场地中不存在有害物质。场地之前存在有害物质，但已经对场地进行了修复，场地中的有害物质浓度降低到背景浓度。或者
- 已经开展过调查研究的场地。研究结果表明，场地中存在有害物质，但对人类和环境造成的任何不良反应或者风险很低，其水平可以接受。
- 已经开展过调查研究的场地。研究结果表明，场地中存在有害物质，但对人类和环境造成的任何不良反应或者风险已经进行了管理，因此对人类和环境造成的任何不良反应或者风险很低，其水平可以接受。
- 已经对场地进行了部分研究。研究结果表明，场地中存在有害物质，但尚未有足够的信息来对有害物质对人类或者环境造成的任何不良反应或者风险进行定量。

更多的信息可以从（区域委员会名称）或者（行政区当局名称）的（地方当局官员姓名）处获取。

（免责声明）

（附件是危害活动和行业清单的副本）。

受污染土地

（日期），（区域委员会名称）描述了位于（街道地址、法定说明）的场地是受污染的土地。

已经开展了调查研究的场地。场地中存在有害物质，这些物质已经或者很可能已经对环境产生了明显的不良反应。场地符合《资源管理法（1991）》中关于受污染土地的定义。

场地用于或者已经用于（清单活动）。

更多信息可以从（区域委员会名称）或者（行政区当局名称）的（地方当局官员姓名）处获取。

（免责声明）

（附件是危害活动和行业清单的副本，如果认为有必要）。

术语

背景浓度——在没有人为输入情况下，某种物质（元素、化合物或者混合物）在区域或流域内的自然浓度。对于土壤中的化合物，背景浓度可能因自然界地球化学母质不同而产生较大差异。

当场地中一种污染物明显高于其背景浓度时，该场地高于背景浓度。在决定该情形时，需要参考下述因素，例如，背景浓度的置信上限（95%UCL）、收集的样本数量及其代表性、采样和分析过程的变异性，以及适用的指导值。

受污染土地——根据《资源管理法（1991）》第 2 条的定义，该类型土地具有下述特点：

（a）关于土壤中污染物有全国环境标准，土地受污染程度比标准所允许的高；或者

（b）根据土壤中污染物适用的全国环境标准，土地中的有害物质具有：

i.对环境有明显的不良反应；

ii.很可能对环境产生明显的不良反应。

有害物质——根据有害物质和《新有机物法（1996）》第 2 条的定义，下述所有种类物质均属于有害物质：

（a）具有下述一种或者多种内在属性，分别为：

i.爆炸性；

ii.易燃性；

iii.氧化能力；

iv.腐蚀性；

v.毒性（包括慢性毒性）；

vi.生态毒性（有或者无生物蓄积）。

（b）接触空气或者水（而不论空气或者水，其中，温度或者压力已经不正常地升高或者降低）产生一种物质，该物质有本定义（a）条中规定的一种或者多种属性。

土地信息备忘录（LIM）——指行政区当局发布的文件（通常是付费的），该文件给出了该行政区当局区域内的任何一块土地。土地信息备忘录信息将包括（以及类似其他信息）适用于该土地建筑物的任何建筑许可或者其他授权，以及相关土地的特定特征，包括潜在侵蚀性、沉降或者洪水泛滥，或者是否可能存在有害物质（地方政府官员信息和会议法，第44A条）。任何人均可以申请土地信息备忘录。

工程信息备忘录（PIM）——行政区当局在签发建筑许可前，所签发的报告。该备忘录列出了所有有关法律而不是建筑法的要求。它也包括了很可能与建议的建筑工作有关的信息，例如，相关土地的特定特征，包括潜在自然危害或者是否很可能存在有害污染物（建筑法，2004）。

登记——存储已识别土地的场地分类信息和其他信息的物理数据库或者电子数据库。地方当局可以经由特定的名称来查阅其登记（例如，“选择的土地使用登记”）。

风险——某个人、某个群体或者某个生态系统出现不良结果的概率，它们暴露于特定剂量或者浓度的有害物质之下。也就是说，其依赖于有害物质的毒性浓度和暴露浓度（ANZECC，1992）。

场地——某一区域的土地，其由法定描述或者部分法定描述定义。

场地分类——基于地方当局持有的信息，对场地进行分类的系统。

毒性——一种毒物当被活的有机体吸入或者吸收时而产生的不良反应，其可以毁坏生命，也可以对健康造成破坏。

参考文献

[1] ANZECC（1992）. 澳大利亚和新西兰受污染场地评价和管理指南. 澳大利亚和新西兰环境与自然保护委员会以及国家卫生与医学研究委员会，堪培拉，澳大利亚.

[2] 环境部（1997）. 木材加工化合物的健康和环境指南. 环境部，惠灵顿，新西兰.

[3] 环境部（1999）. 新西兰评价和管理石油烃污染场地的指南. 环境部，惠灵顿，新西兰.

[4] 环境部（2003a）. 污染土地管理指南 1：关于新西兰受污染场地的报告. 环境部，惠灵

顿，新西兰.

[5] 环境部（2003b）. 污染土地管理指南 2：新西兰环境指导值的分级和应用. 环境部，惠灵顿，新西兰.

[6] 环境部（2004a）. 污染土地管理指南 3：风险筛选系统. 环境部，惠灵顿，新西兰.

[7] 环境部（2004b）. 污染土地管理指南 5：场地调查和土壤分析. 环境部，惠灵顿，新西兰.

[8] 环境部（2004c）. 污染土地管理指南纲要 A：危害活动和行业清单（HAIL）. 环境部，惠灵顿，新西兰.

[9] 环境部（2004d）. 污染土地管理指南纲要 B：含有有害物质的危害活动和行业清单（HAIL）. 环境部，惠灵顿，新西兰.

[10] 环境部（2006）. 评价和管理之前羊药浴水有关的风险——地方当局指南（草案）. 环境部，惠灵顿，新西兰.

[11] 监察员办公室（2002）. 监察员季度审查 8（4）：4-5.

[12] 澳大利亚标准（1997）. AS4482. 1-1997：潜在受污染土壤的采样和调查指南：不挥发和半挥发化合物. 澳大利亚标注，悉尼，澳大利亚.

第五章　场地调查和采样分析（2011年修订）

尽管在确保本指南尽可能清晰正确方面付出了相当大的努力，但是，环境部并不对由此指南使用所引发的任何行为负责。本指南不应作为任何特定使用者情形的定义性声明。本指南的所有使用者应当在将这些指导方针应用于其特定情形（其中，在这些情形下，寻求专家建议有不确定性）时让自己满意，同时也让其客户满意。

致谢

在这里我们衷心感谢 URS（新西兰）有限责任公司和 RJ Hill 实验室有限责任公司，在编制本原始文件期间做出的贡献，特别感谢 Anna MacKenzie，Kevin Tearney（URS）和 Peter Robinson 博士（RJ Hill Laboratories）。

感谢项目指导小组，指导小组监督了本文件的制定，他们是：Simon Buckland 博士（前环境部），Helen Davies（坎特伯雷环保局），Simon Hunt（Caltex 新西兰有限责任公司），Nick Kim 博士（怀卡托环保局）和 Sharon Vujnovich（奥克兰地区委员会）。

同样也感谢环境咨询公司，地方当局工作人员和业界代表，在磋商期间，他们给予了评论。

执行概要

本文件是关于场地调查和土壤分析的指南，是污染场地指南系列文件中的第 5 份文件，这些指南文件由环境部编制。它旨在为污染场地从业者和法规机构使用，但是，也可以由以下人员使用：所有者、潜在所有者或场地的业主，在这些场地中出现了有害物质，或怀疑在土壤中存在有害物质。本文件的目的是促使形成一个具有全国统一性的调查方法，和对污染场地的评估方法。

我们所介绍的原则包括：如何计划并执行调查，给出最优方法，在对有害物质出现或怀疑存在有害物质的场地进行采样和土壤分析时，应遵循该最优方法。我们并未介绍收集场地调查所需的其他媒介，例如：土壤气体、地下水、沉积物或地表水。

该指南强调了调查的四方面内容：

- 场地调查的原则；
- 土壤采样；
- 实验室分析；
- 数据解释的基础知识。

在之后的介绍中，每一个点都有自己的章节。

我们同样也给出了如下建议：

- 场地调查的方法；
- 设定调查目标；
- 进行初步场地研究和勘踏；
- 作出详细的场地调查计划；
- 进行野外工作之前要考虑实际问题；
- 如何开展调查——包括土壤采用策略计划的过程、样本收集和处理，以及品质保证要求事项；
- 收集样本的最小数量；
- 实验室选择；
- 分析方法的使用；
- 确保数据可靠的方法；
- 使用常规统计方法对数据进行分析；
- 评估结果的显著性，结果接近指南规定的数值，处理异常值和数据审查步骤。

5.1 引言

5.1.1 目的

本文件是关于场地调查和土壤分析的指南，是污染场地管理指南（CLMG）系列文件中的第 5 份文件，这些指南文件由环境部编制。它与本系列其他文件和其他部门的污染场地相关出版物共同使用。本指南的目的是促使形成一个全国统一性的调查方法，和对污染场地的评估方法。

本指南还特别提供了：

- 在对有害物质出现或怀疑存在有害物质的新西兰场地进行采样和土壤分析时，应遵循的最优方法。
- 对获得的数据进行解读和管理的指南。

现行有效的新西兰指南文件包括以下几方面内容：可能受到污染土地的调查、评估和监测，这些土地可能受到煤气厂排放物、石油烃、木材加工类化合物和涤羊毛液的污染，其中，这些文件明确了本指南整体目标的各个方面。这些文件可以从环境部网站上（www.mfe.govt.nz）获取得到。编制本指南引用了许多新西兰和国外的文件，这些文件列在参考文献和附加说明章节中。

5.1.2　目标受众

本指南主要适用于受污染土地的研究人员和监管机构，也就是那些承担和监督受污染土地调查的人员和机构。这些场地的所有者，潜在所有者或占有者在对他们所承担的工作进行评估，或对工作的投标和提案进行评估时也可能用到本指南，其中，这些场地存在有害物质或可能存在有害物质。本指南也对其他利益相关方有所帮助，例如，临近存在有害物质场地的土地所有者或占有者。

本指南并未提供每一个利益相关方所要求的决定性信息，但我们确实为其他出版物提供了参考，以获得更具体的信息，但这里将不对这些参考文献进行介绍。附加文献中也包括了补充技术信息。

本指南的整体内容将协助监管机构和其他利益相关方使用或评估受污染土地的报告，以达到如下目的：

- 根据场地调查目标，了解和阐明报告结果。
- 了解土壤样本收集和分析相关的不确定性，对数据进行解释。
- 评估报告是否满足最优方法和/或最低要求，以及采用报告中的方法是否能达到要求。

5.1.3　适用范围

场地调查和土壤分析可以为如何收集信息和采集土壤样本提供指导，为存在有害物质或怀疑存在有害物质的场地提供数据并进行评估。包括制定数据质量标准，设计采样策略，能满足调查研究的目标，质量保证分析和数据解释。图 1 是关于场地调查方法的流程图，该流程图概括了场地调查所推荐的分步方法。

土壤调查的基本原则与其他受到有害物质影响的空气、地下水或地表水大体一样，但那些原则并未提供有关环境介质（并非土壤）收集技术的信息，虽然这些环境介质也是场地的组成部分。本指南仅限于含有金属、挥发性和半挥发性有机化合物的土壤，并未对其他化学品进行介绍。

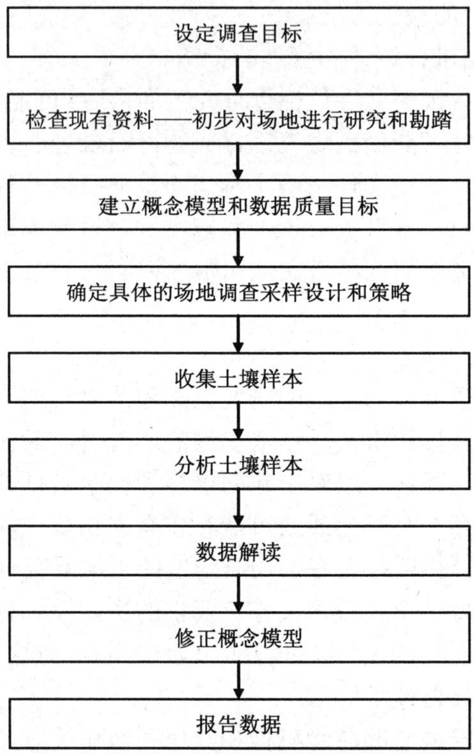

图 1　推荐的场地调查方法

5.1.4　最低标准

本指南建立了现行的场地调查最优方法，场地调查需要调查有害物质并确立推荐的最低要求。一些开始土地调查的组织，需要满足调查的最低要求，或改进后的最低要求。在不能满足该指南中所列出的最优方法或最低要求时，应把这种现象记录到场地调查报告中，并且应清晰陈述调查目标的含义。

5.1.5　2004 年版本的变化

这些指南内容在 2001 年 10 月的第二版做了更新，其更新如下。

- 更新了网站链接。
- 更新了其他文件和指南的参考文献。
- 引用了资源管理条例（评估和管理受污染土地，以保护人们健康的国家环境标准，该条例于2012年1月1日生效）。

5.2　场地调查原则

5.2.1　数据质量标准

5.2.1.1　数据质量目标过程

数据质量目标（DQOs）是定性和定量的声明，该声明指出了所需要的数据质量。这些目标一同形成了一个数据质量目标（DQOs）过程，该过程由7个不同的步骤[美国环境保护局（EPA），2000年]组成。数据质量目标（DQOs）关注的是由调查解决的问题本质。根据需要的数据确定调查方法。

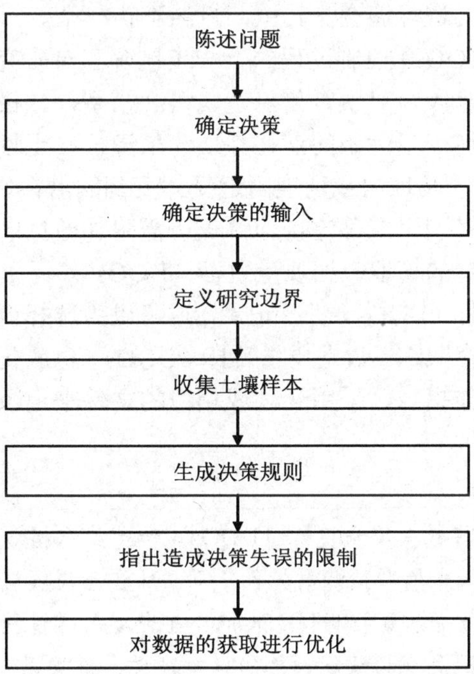

图2　数据质量目标（DQOs）过程的组成步骤

数据质量目标（DQOs）会影响对所承担调查的类型和样本的特点。在美国环境保护局（EPA）的网站上（www.epa.gov/质量）可以找到关于数据质量目标（DQOs）的更多信息。

5.2.1.2　将数据质量目标（DQOs）应用于场地有害物质的调查中

为了确保在对场地进行调查期间能够收集到正确的数据，从一开始就要理解为什么要对该场地进行调查，例如将调查结果应用于随后的决策中。因此，设定数据质量目标（DQOs）的第一步应对场地调查的目的进行识别（陈述问题，并识别需要做出的决策）。最常见的目的如下：

- 在销售、购买或重建一个场地之前，确定该场地的条件，并确定环境责任；
- 确定土壤中的污染物造成的环境和健康风险；
- 确定土壤中的有害物质对生态系统造成危险；
- 评估某种特殊修复技术手段的适用性；
- 场地清理后的污染状况后评估；
- 建立符合 1991 年资源管理法的区域或地区计划，或资源许可。

注意：对以上目的进行调查，其中，目的不止一个。

数据质量目标（DQOs）控制过程的下一步包含了对研究边界的定义和对概念模型的开发。在这一阶段，对现有信息建立概念模型，该模型通常包括一个最初的工作假定，该假定涵盖了污染的潜在性质和来源，在土壤中空间分布（包括其他环境介质），以及在该场地内或场地附近受体受到的潜在影响。需要鉴别出数据的差异。根据该概念模型，应确定场地调查所需附加数据的类型和质量，之后应定义后续调查阶段特定的场地数据质量目标（DQOs）。

应对数据质量目标（DQOs）进行记录，这可以为选择调查类型和使用采样和分析方法提供一个审查跟踪。数据质量目标（DQOs）也应传达给承担该场地调查的团队。使用书面工作指导、采用计划或相似的文件来记录和传达所推荐的数据质量目标（DQOs）。

> 例子：可灵活地将数据质量目标（DQOs）传达给承担场地调查物理工作的团队。如果现场条件与概念模型预测的条件不同，那么应与项目经理或其他有资格的员工进行讨论，根据数据质量目标（DQOs），在现场采样过程中可以对采样策略进行修改。对于重新返回到现场获取额外的样本来说，这可以节约时间和资金。

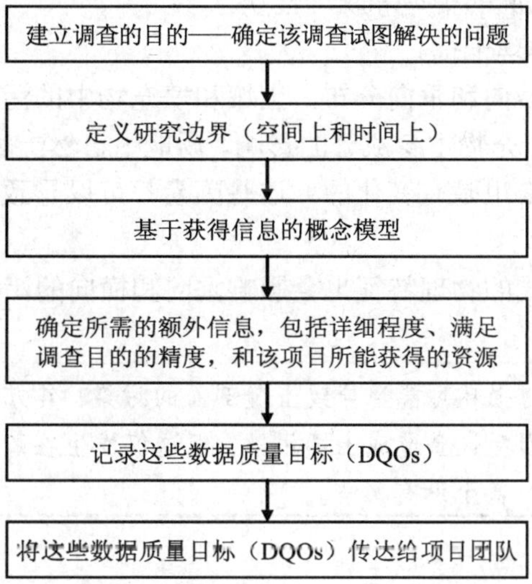

图 3　场地调查的数据质量目标（DQOs）过程

随着调查的进行，调查目的可以进行相应变化：

- 当获取了更多的信息时，应对概念模型进行更新；
- 随着项目的推进，应对数据质量目标（DQOs）进行评估，如果有必要则需对其进行修正。

5.2.2　概念模型

概念模型是一个识别污染源和暴露途径（路径）的系统图，沿着这些路径迁移的污染会对何种受体造成影响。在场地具体调查工作开展之前，应建立概念模型，以明确场地不同区域的污染特征（例如，发生在土壤表面还是下面，分布在一个整体的区域，或在一个局部的“热点”）。不管是现在使用该场地，还是将来使用该场地，都应识别出暴露路径和受体类型。该模型将会被作为在各调查阶段对所有可用数据评估的基础，也将被用于设计具体的场地调查。

5.2.2.1　污染分布

当调查方法确定以后，也需要将污染分别包含在采样策略中，因为这将影响采样位置以及样本数。一个场地的污染分布，会受到多种因素的影响，包括：

- 污染源的性质和污染类型；
- 迁移和弥散的路径；

- 土壤或地质状况的类型和物理性质；
- 污染的任何物理干扰。

必须考虑污染的横向和垂向分布。土壤和填充物中的污染分布具有高度分异性，同时也受土壤和填充物本身成分的影响。场地中自然土壤的类型和物理性质，以及地下水的深度通常也是有变化的。这些因素都可以导致污染物在土壤剖面不同深度的分布变化。

污染源和弥散模式的物理特征也会影响垂向和横向的污染分布。

> 例子：地表贮槽的损耗可能会导致土壤剖面的污染，其方向为从地表到地下水面。地下贮槽基础的损耗也会造成土壤污染，但这仅发生在贮槽井的底部，其对附近地表土壤影响很小，甚至没有影响。

5.2.2.2 土壤异质性

场地土壤中有害物质的分布会因其组成而产生较大变异，自然土壤（自然地面）和填充物（人工土）的混合物组成不同其分布也不相同。填充物通常由多种材料的混合物组成，包括：植物残留体、废弃木材、废弃金属、土壤和灰烬。填充物对污染物在土壤中的迁移有明显的影响，也可能成为污染源（例如，在灰烬填充物中有重金属）。有时，在场地中从自然土壤中区分某些填充物的类型是非常困难的。通常情况下，将场地土壤分成不同类型以去除石块和粗组分，例如，大圆石和大鹅卵石，因为采样过程中受容器尺寸的限制不可能采集这些尺寸的大颗粒组。但这样的现场筛选可能会造成样本偏差。采样过程中需对粗颗粒的重量比或体积进行估计，数据解释都应考虑未采样地层的影响。由于筛选的原因（见章节 5.4.4.1），实验室分析时也可能造成样本偏离，需要提供给实验室关于如何处理这些样本的明确说明。

5.2.2.3 采样的不确定性

为了确定场地的污染分布，需要收集少量的土壤样品并对其进行分析。由于若干因素的影响，样本的代表性（真实场地条件）通常有不确定性，这些因素包括：

- 交叉污染；
- 当地条件的变化，这种变化可以影响污染的垂向和横向分布；
- 采样过程的选择性特征。

为了使不确定性降到最低，土壤采样必须考虑这些变化因素，并对场地的条件和历史进行透彻的了解。必须考虑质量控制计划，并将其作为土壤采样调查的一部分（见章节 5.3.9）。

5.2.3 调查阶段

对场地（存在有害物质，或怀疑存在有害物质）的调查应分阶段进行。本指南中给出了 5 个调查阶段，并使用常见的替代术语来描述每一个阶段，如表 1 所示[①]。

表1　5 个主要的调查阶段和常见的替代术语

主要调查阶段	
本指南中的术语	常见替代术语
初步现场调查（研究）	初步现场调查，阶段 1；桌面研究第 1 阶段；背景信息研究第 1 阶段；受污染的场地审核第 1 阶段；环境评价第 1 阶段
现场初步勘踏	现场前期调查；现场视察第 1 阶段
现场具体调查	阶段 2；现场调查第 1 阶段；环境评价第 2 阶段；环境基准测试
现场补充调查	附加的阶段 2 环境评价；第 3 阶段环境评价
现场验证调查	校准验证调查；土壤基准测试

使用这种分阶段的方法，可以收集概念模型的信息。应该对在每个阶段所收集的信息进行评估，以建立场地的整体描述。每个调查所要求的阶段，和每一阶段的适用范围应该由数据质量目标（DQOs）确定。每个场地并非要求开展所有的阶段，应对每个阶段的适用范围进行调整，以满足特定的数据质量目标（DQOs）要求。

5.2.3.1　初步现场调查（研究）

初步现场调查（研究）的主要目标是提供与数据质量目标（DQOs）相关的背景信息。对于一个全面的现场调查，场地信息应包含现在和过去所使用的信息，以便识别潜在污染物的性质，以及这些污染在场地中或场地外潜在的迁移路径，这些污染物也很可能是在固定位置。初步现场调查包括收集和编辑关于场地的信息，以便形成一个初步的概念模型。初步现场调查常常与现场初步勘踏同时进行。

① 描述这些主要调查阶段的术语与业内的术语并不完全一致，不同调查阶段有不同的一般相关性，但所用的术语可能是相似的。

应将初步现场调查和现场初步勘踏所收集的信息记录在一个初步现场调查报告中（见受污染土地管理指南文件 1：《关于新西兰环境部的受污染场地的报告（2011 年修订）》，2001 年），并且应将报告中的合适的支持信息添加至报告中，作为报告的附录。初步现场调查应识别出污染源、弥散路径和环境受体。初步现场调查的适用范围包括如下几个方面。

现场识别

必须对场地进行识别，包括：场地名称、地址、法定说明、场地边界、一个地图索引和地理坐标。有关场地的这些信息可以从场地拥有者和占有者、地图、价格要求和目前的产权证明中获取。可能存在污染物，或怀疑存在污染物的场地区域，可能与法定边界不一致，通过现场识别建立研究边界。

场地历史

对于该场地从目前追溯到最初使用该场地的信息（按时间顺序排序）。对该场地之前的各项活动和处理以及该场地使用、存储或去除的化学制品和产品进行识别，对之前的调查和修复工作进行审查评估，并对所记录的信息进行补充。

场地历史信息的来源可能包括：

- 对场地人员及其场地周边人群进行访谈（一般在现场初步勘踏期间进行），涵盖与场地历史信息相关的问题、任何已知的事件、管理规范、废物处理和任何的化学品贮藏区域。
- 排放许可的审查，同意书或许可证[例如，土地使用同意书；向大气、水中或地面排放的同意书；工业废水排放同意书；危险品（有害物质）许可证]。
- 现有的环境报告书的审查，环境事件调查报告，贮槽移除记录，过程描述，废料处理和化学品库存，材料安全数据表和报纸文章。
- 地方当局记录审查，包括土地信息备忘录（LIM）和地区委员会数据库。
- 产权证书。
- 社会历史记录的审查，包括任何与场地有关的文献。
- 当前和以往的设备设计，场地排水设施图。
- 照片记录，包括航空照片。

新西兰行业活动清单中的土地一般具有较高的污染可能性，即有害活动和工业列表（HAIL）（环境部，2011b），该列表被单独发布。该列表应该应用于辅助现有或以往工业活动的识别，在这之中所用到的有害物质会造成土地污染。

地形和水文

场地的水文评估应包括：最近的场地地表水水道的信息，地表水排水渠的位置和雨水排水渠道，地表水的流向，地表水排水信息、采取信息和洪水信息（如果有相关性）。典型的信息来源包括：地形图和地区委员会记录，以及在现场勘踏期间所观察到的结果。

地质和水文地质

场地地质评估应包括：地层类型的描述、土壤类型和填充物的信息（如果存在）。信息来源包括：已发布的地质勘查图和回忆录，新西兰土壤分类出版物，和来自之前环境或岩土工程勘查的信息。

场地水文地质评估应包括以下信息：

- 该区域中地下水蓄水池的筛选和使用；
- 当地和地区的地下水流向；
- 预期的地下水深度；
- 季节或潮汐的影响；
- 泉水；
- 当地地下水的抽取和使用；
- 当地地下水和/或地表水监测信息；
- 地下水的优先路径（泡孔等）。

信息来源包括：地区委员会关于地下水的记录和以往的场地调查记录。

5.2.3.2　现场初步勘踏

在初步现场研究之后进行现场初步勘踏，或将现场初步勘踏作为初步现场研究的一部分。本阶段的目的是讨论和确定初步现场研究的结果，并识别任何信息，这些信息可能会有助于现场具体调查的设计。

进行现场考察之前，要考虑期间可能会遇到的潜在危害，应该对这些潜在的危害进行评估并采取适当的卫生和安全措施（见章节5.3.2和5.3.11）。

在现场初步勘踏期间所收集的信息应包括：

- 现场常规条件，目前使用状况，当地地形和周围环境背景；
- 地表水道、地表水排水系统、池塘和泉水的位置和条件，以及地下水的使用信息和排水渠道；
- 受污染或潜在污染的明显标志，例如，溢出或泄漏、表面变色、解封地储藏的化学品、植被生存压力和臭味的证据；
- 填充区域的明显标志、堆存材料、地面干扰、烧坏的区域和以往的建筑物地基；
- 化学品储藏和传输区域位置、岸堤、废物贮存区域、排放至地面的渠道和现有的贮槽、地窖、管道和废水池；

- 邻近的、周围的或上坡土地使用状况，以及来自这些源头的污染可能性；
- 以往建筑的位置，在该场地进行的处理或活动。

辅助现场采样调查设计的信息

以下信息可能会对现场采样调查的设计有帮助：

- 评估约束，包括建筑物和硬质地面的位置、雨篷、地下设施的位置，以及其他能够对将来现场调查的设计和执行形成挑战的事项；
- 任何物理危害的位置，例如，高架电线；
- 现场调查期间可用的水电供应；
- 在排水渠道、废水池和壕沟地带土壤挥发性污染物的现场数据；
- 地表样本或可疑材料的收集，以便辅助以后阶段的调查（例如：收集一个可疑石棉材料的样本，或用于产品识别的土壤，该土壤受碳氢化合物污染）。

5.2.3.3 现场具体调查

为了确定或证明前期初步现场调查报告的有效性，可能需要进行现场具体调查。这将涉及使用钻探技术来收集现场数据和土壤样本，并进行分析检验以确定所关注污染物的浓度。现场具体调查的适用范围应由数据质量目标（DQOs）对其进行定义。

根据初步现场研究或现场初步勘踏对污染物的识别，需对土壤样本进行分析。根据在类似场地中获得的经验，需要对这些样本进行较全面的扫描以确定污染物类型。

应根据数据质量目标（DQOs），对现场具体调查的结果进行评估，并更新概念模型。在现场具体调查期间所收集的信息应记录在一份详细的现场调查报告中（见受污染土地管理指南文件 1：《关于新西兰环境部的受污染场地的报告（2011 年修订）》，2001 年）。

在进行现场具体调查工作之前，应对该场地潜在的危害进行评估，并采取适当的卫生与安全措施（见章节 5.3.2 和 5.3.11）。在开始工作之前，应取得行政主管部门的批准。

本指南并未涵盖要进行测试的其他环境介质的收集，包括土壤气体、地表水及沉积物，尽管这些也是现场具体调查的一部分。

5.2.3.4 现场补充调查

进行现场补充调查是为了获得：

- 在具体现场调查期间，未对所关心区域的数据进行调查；

- 对一个特定区域或污染深度需要更清晰地描述或定义；
- 得到确定特定技术问题的信息（例如，确定一个特定修复措施的适应性）；
- 关于环境责任的“确定性”。

现场补充调查的适用范围应由数据质量目标（DQOs）定义。

> 例子：通过现场补充调查以确定使用真空抽提方法去除潜水层上部土壤中大量挥发性烃类是否合适，其中，在潜水区以往其附近存在地下储罐。数据质量目标(DQOs) 要求通过土壤性质（例如，颗粒大小和多孔性）和压缩土壤横向范围的采样和分析来描述。这将使得对真空抽提排列的物理属性进行设计。在这种情况下，对于所关注的各种污染物的最大和平均浓度的详细信息以及它们在土壤剖面中的分布并不重要。

现场补充调查的过程和要求与现场具体调查相似（见章节 5.2.3.3）。

5.2.3.5　现场验证调查

在场地中完成修复活动之后，需要对现场进行验证调查。其目的是说明有害物质或其他关注的污染物浓度（这些污染物是否依旧留在场地土壤中）是否满足修复行动计划或相似文件中所陈述的修复标准。

现场验证调查和资料中所要求的置信水平应由数据质量目标（DQOs）定义，其中，在修复行动计划中给出了数据质量目标（DQOs）。并非所有的现场验证调查都需要满足相同的置信水平，这将取决于基于这些数据所做出的决策。

> 例子：最近，对一个含有酸性土壤的矿山尾矿坝进行景观恢复并用干净的表土层对其进行覆盖，尽管从未对经过修复的场地进行验证，土地恢复后，对没有植被生长的区域注意了若干年，如果进行现场验证调查，过度酸性土壤的区域将会被发现，并且会进一步完善植被覆盖。

现场验证调查所得到的信息需要记录在一个现场验证报告中。在移除了地下储罐时，为了对石油地下储罐和地下设备进行移除和更换，现场验证调查应解决所有包含在报表中的问题（见受污染土地管理指南文件 1：《关于新西兰环境部的受污染场地的报告（2011 年修订）》，2001 年）。

现场验证调查过程和要求与现场具体调查相似见章节 5.2.3.3。

5.3 现场工作和采样准备

5.3.1 采样目标

第 1 阶段土壤调查旨在建立清晰的采样目标。这些目标必须定义采样的原因，以及如何收集样本，以形成采样策略（例如，在哪里收集这些样本）。采样目标将基于特定场地特点和调查的目的[与数据质量目标（DQOs）定义的相同]。通常情况下，采样目标包括：

- 确定污染源的类型和位置；
- 确定污染物分布的性质、程度和范围（包括垂向和横向）；
- 验证场地中的污染物，该污染物已减少至确定值以下（例如，在化学溢出物被清除之后）；
- 确定材料的性质，以对废弃物特性进行描述。

在某些情况下，场地中不同区域可以建立不同的采样目标。此方法在场地分层采样时经常用到（见章节 5.3.4.3）。

5.3.2 现场工作准备

在开始现场工作之前，需要准备以下几点：

- 从地区委员会或地方当局获得进行工作的许可（例如，钻孔安装时的土地使用同意书）；
- 获得进入场地和个别采样地点的许可，包括进入周边范围，并通知相关当局和临近人员（例如，从新西兰交通运输局到采样地点的许可，该采样地点在国家高速公路下方）；
- 检查地下间隙和地表服务；
- 确保适当训练的有效性，并使现场工作人员符合要求；
- 审查采样和分析计划，并获得适当的采用设备，包括：分析实验室所用的容器，储藏容器，并做好样本运输安排；
- 必要时，对现场作业设备进行检查和校正；
- 对采用设备的净化做好安排；
- 对过量土壤、洗涤液和任何受污染的材料（例如，手套）进行适当处理，这些受污染的材料产生于工作期间；
- 确保分包商的可获得性和适当性；

- 准备一个卫生、安全与环境计划（HSEP）[①]，其中包括：

— 现场危害评估；

— 对提出的危害进行清除，隔离或减小的措施；

— 应急响应措施；

— 现场专项培训需求；

— 防护设备。

附录 A 中给出了卫生、安全与环境计划（HSEP）中工作安全分析报表的例子。事先做好充分的准备，以确保能安全进行现场工作，并尽量减小在现场中不必要的延迟。

5.3.3 采样和分析计划

采样和分析计划是建立数据质量目标（DQOs）的一部分。这份工作文件由进行采样工作的现场工作人员使用。计划中应至少包括以下事项：

- 调查目的；
- 采样目标；
- 关于场地的信息（包括：位置、历史和带有污染物识别的概念模型）；
- 使用的采样模式和策略；
- 现场筛选或现场试验要求；
- 收集样品的位置、深度、类型和数量；
- 使用的采样方法；
- 采样顺序（先在场地可能受到最小污染的区域开始采样，这可以最大限度地减小交叉污染）；
- 质量保证和质量控制要求；
- 消除污染的程序；
- 样品处理和保存的要求；
- 样品运输和保留时间；
- 实验室联系方式。

采样和分析计划中关于表格、内容和记录的细致程度依据场地特定情况而定。

5.3.4 采样模式选择

土壤采样策略应与采样目标相一致，需根据数据质量目标（DQOs）来选择采

① 也涉及职业安全和健康指南：例如，关于受污染场地污染物清除的健康和安全指南[（职业安全健康）OSH，1994 年]。

样模式。一般情况下，有三种类型的采样模式可选用（见图 4）：

- 判断式采样；
- 系统式采样；
- 分层式采样。

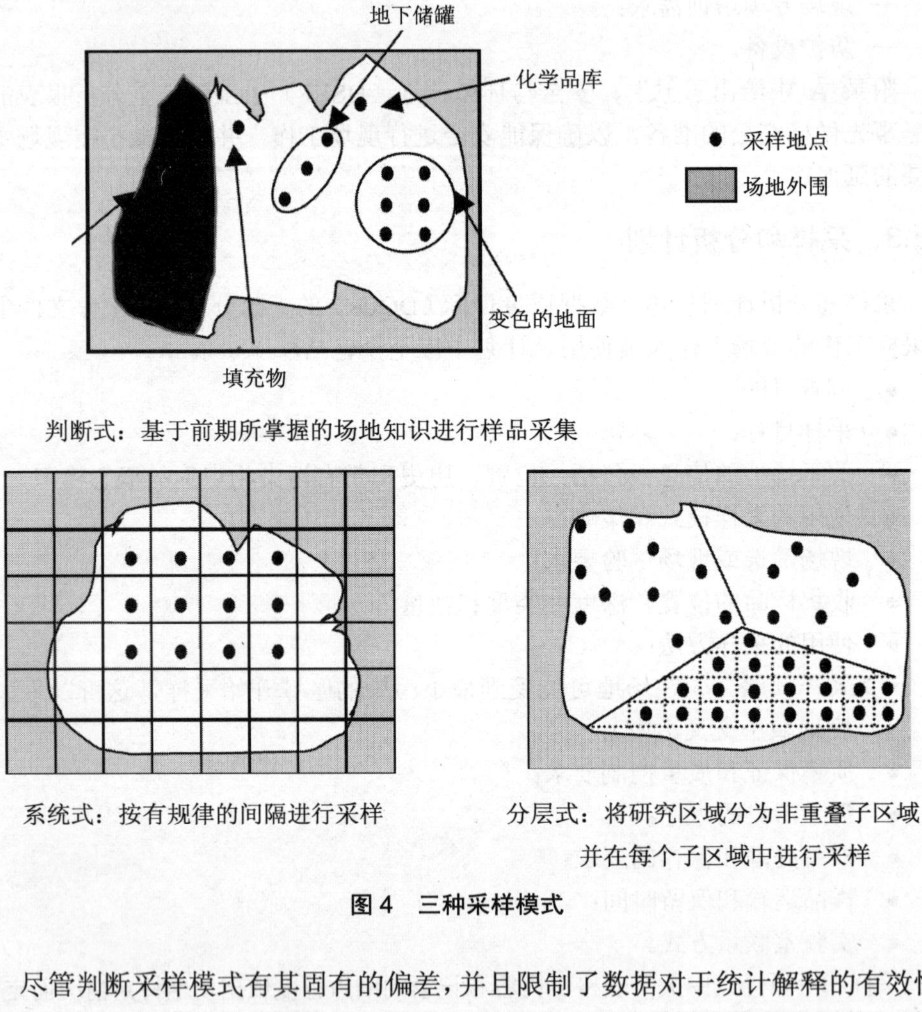

判断式：基于前期所掌握的场地知识进行样品采集

系统式：按有规律的间隔进行采样

分层式：将研究区域分为非重叠子区域，并在每个子区域中进行采样

图 4　三种采样模式

尽管判断采样模式有其固有的偏差，并且限制了数据对于统计解释的有效性，但是，当能够获得足够的场地历史和活动信息时，这种采样方式是常用的一种采样方式。在统计学上，可靠的样本模式包括系统采样和分层采样，这两种采样模式可以最大限度地减小样品采集中的偏差。在某些情况下，也会用到随机采样的模式，这种模式可能会造成获得一些极值，因采样点偶然呈现集中分布。由于受采样点数量的限制影响，随机采样对于热点区描述以及给出一个完整的场地污染

物分布图是有缺陷的。

通常对一个存在有害物质的场地进行调查时使用不止一种采样模式。如果预先确定的采样点需要重新定位（例如，由于物理阻碍物的原因），那么在采样模式上的偏差应该予以记录。

在如下参考文献中，可以找到更多关于采样模式的信息：

- 美国环境保护署（USEPA）（2002），质量保证计划中环境数据采集指南，EPA QA/G-5S。
- 建筑环境研究中心（1994），英国受污染的土地研究报告 CLR 4：受污染土地的采样与分析。建筑环境研究中心，诺丁汉特伦特大学，诺丁汉。

5.3.4.1　判断采样

判断采样又被称为是定向的、选择性的、战略性的或基于模型的采样模式。根据之前获得的污染物分布信息选择采样点，该采样分布根据场上历史、污染证据和专业判断建立。当场地信息可靠时才可应用判断采样方法（例如，场地历史及关注特定区域的位置是已知的）。

判断采样可以用来：

- 深入了解与场地特定活动相关的化学物质；
- 确认特定位置的污染物是否存在，以及污染的水平（例如，污染可能最严重的位置）；
- 为后续调查阶段范围的确定提供筛选信息。

判断采样的优点是比系统采样成本低，且这种方法是行之有效的，也易于执行。然而这种方法由于采样模式的偏差也有一定的限制性。当场地与其他干净场地相比其掌握的污染信息可靠时这种方法经常应用。当对判断采样的结果进行解释时需要小心谨慎，因为，数据的有效性取决于场地信息的获得和专业的判断。

由于引入了偏差，做验证采样时，不应使用判断采样，为了验证样本的收集，而推荐了一个基于统计学设计的调查。

> 例子：使用判断采样的模式对一个木材处理场地进行了调查。根据现场勘踏、航空照片以及与工人的交谈，确定了样本位于滴水板的边缘周围，沿着车辆路过的痕迹对木材进行处理，处理位置位于地面油库之下，也在院中储存的待处理木材堆的下方。同时，也在大量铜铬砷溶液的运输地点进行采样，在该地点中，确定了使用五氯苯酚（PCP）防变色处理法的位置，且该区域为处理倾倒淤泥的地方。

5.3.4.2 系统采样

系统采样，又被称为非计划性或网格采样，这种采样模式是一种基于统计的采样策略。在整个场地区域内，以网格的模式等间距选择采样地点，其中，随机选择第一个采样地点，以便减少偏差。

网格模式包括方格、三角网格、辐射型网格和人字形网格，并基于多种因素（例如，污染物热点地区的范围和几何图形，以及整个场地的范围）来选择网格模式。系统采样方法适合以下几种情况：

- 对土壤残留和修复后的回填物进行验证；
- 检测热点地区（见附录 D）；
- 估计污染物的平均浓度；
- 对缺乏历史信息的场地进行总体摸底。

系统采样具有现场实用和方便的优点。在那些怀疑有污染物存在的区域，并在空间变化呈现不连续的区域（例如，每隔一定的间隔有葡萄藤隔开），必须对采样地点进行设计以避免采样偏差；例如，通过选择适当的网格间距方式。系统采样的一个缺点是采用点数量会很大，并且，如果在场地前期信息可用的情况下，这种设计不如其他设计有效。

> 例子：为了家庭使用，对一个汽车拆卸的院子进行重建。由于该院子已有 20 年的历史，因此整个场地都储存了汽车零件和机械装置。在整个院子的范围中使用了一个适当范围的网格，因为，在场地中任何位置都可能存在污染物。

5.3.4.3 分层采样

在使用分层采样的场地中，将该场地分成不重叠的子区域，在不同的子区域使用不同的采样密度和模式。将这些子区域视为该场地具有统一的特征的不同地区，并通过系统或判断布点确定不同的采样点。将子区域采样的已有知识与污染物特性相结合，以确定采样的位置并减少样本的数量。每一个子区域中样本的数量与场地子区域的相对尺寸成比例。对子区域进行划分的基础可能包括：

- 地域特征；
- 当前处理工艺或储藏设施的布局；
- 场地历史信息；
- 污染物的横向和垂向分布；

- 子区域将来的使用。

分层采样被用来研究大的和复杂的场地，或根据预期的污染程度（例如，根据场地历史的知识），对一个区域进行细分时，使用分层采样的模式。

> 例子：一家知名的化学品制造公司拥有两公顷的土地。该场地详细的历史信息表明：该化学品制造公司拥有此场地之前，场地被用作于牧场。公司购买了此场地后仅使用部分土地，将另一部分的土地出租并作为田园适用。通过分层采样的模式将该场地分成两个块，每块一公顷。在制造公司周边、储料场等位置使用判断采样的方法，在剩余区域设计网格（系统采样）。在少数区域通过六种混合法进行采样以制备四个子样本（见章节 5.3.6.4）。

5.3.5 野外筛选技术

在现场具体调查之前会用到野外筛选技术，或将之作为调查策略的一部分。野外筛选技术被用于：

- 定义土壤污染的经济有效性，并辅助确定调查的限制程度；
- 改进采样位置；
- 对将要进行分析的样品进行确认。

任何的野外筛选技术必须经过验证。使用野外筛选技术需要同时满足土地调查和实验室分析的要求。这些技术会用到的专业知识包括：对所有设备进行标定，培训承担这项工作的人员。应在报告阶段对野外筛选技术的局限性进行详细说明（例如，仪器干扰，深度限制）。

5.3.5.1 非侵入式技术

地球物理测量是非侵入式技术，该技术用于识别地表下岩石的不规则特征或隐藏的特征（例如，堆填区、掩埋物和地基位置的边缘）。地球物理测量包括测量地下岩石的特性，例如，导电性和电阻系数。该工作在现场开展并且由有资格的专家对结果进行解释。所使用的地球物理测量技术选择将取决于场地的具体条件，例如，测量目的、土壤条件、地下水位的深度等。

非侵入式技术的另一个例子是使用红外照相技术来确定受污染土地的区域，填埋场气体和植被压力。

5.3.5.2 土壤样品筛选技术

土壤筛选技术用来识别污染物的野外测量技术，这些测量值可以用来确定哪些样品开展分析，或确定在哪里定位采样钻孔或探井。通过原地或异地的测量（例如，在挖掘之前）初步确定土壤中污染物的浓度。目前野外土壤样品筛选技术正在不断发展。以下讨论了几种最常见的技术，同时也可能存在其他技术更适合应用于调查的场地和/或其数据质量目标（DQOs）。

在原地，野外筛选包括使用仪器[例如，便携式光离子化检测器（PID），光离子检测器（FID），或 X 射线荧光（XRF）检测器]来获取场地的测量值。对于土壤气体，通过在土壤中钻一个管径狭窄的探测孔进行测量，或在土壤中插入金属探针来测量蒸汽浓度。土壤中蒸汽读数的缺失不一定表明污染物不存在，或不需要对土壤样品进行采集。

异地野外筛选技术通过使用便携式野外作业仪器来测量所收集的土壤样品污染物的浓度。土壤蒸汽顶空分析法是广泛使用的技术。所收集的样本装在一个袋子或容器中，对该袋子或容器的顶空测量一定时间后，其结果用于确定分析哪些样本。对含有挥发性有机物的土壤进行野外筛选后，用于提交分析的样品需要重新再采集。

5.3.6 采集典型的土壤样品

典型的土壤样品才能代表环境的实际状况，典型样品的采集需要通过良好的采样设计，采样方法和样品处理来实现。

采样和分析计划必须指出样品的最小数量和采样深度，使之符合采样目标。采样和分析计划应足够灵活，能对现场专业观察和经验判断后采集补充样品，这与概念模型有所不同。

5.3.6.1 样点数量

样点数量通过以下因素来确定：数据的预期用途、调查所需的置信区间、场地的范围、场地特定的限制或局限性和预算。采样和分析计划应指出样品的数量，在垂向和横向的位置。在不同阶段使用调查方法采集大量样品后，需要确定对污染物选择对应的分析方法。样品需要正确储藏并且保存足够时间，收到初步结果后可进一步分析，并对概念模型进行更新。

为评估通过土壤污染物暴露造成的健康和生态风险（例如，通过皮肤接触人体健康造成风险），样本数量的权重偏向近地表采样。如果认为地下水是一个潜在的路径或受体，那么，应适当增加地下水位附近样品的采集和分析。

计算最低样点数量的方法是基于调查设计而得到，调查设计使用了附录 B 中提供的统计方法。对每个单独的现场调查需对采样的适宜性做一定调整。根据场地面积和网格尺寸，附录 B 中的表 A1 总结了所需采样点的最小数量，这些采样点可以检测 95%的置信区间下的周边热点，其中所采用的采样模式为系统采样。该指南给出了所需采样点的最小数量，最低样点数量做调整时需要进行验证。

一些特定指南明确了石油储罐和管线调查所需最小样点数量的具体要求，以评价和管理新西兰石油烃污染的场地（2011 年修订）（环境部，1999 年）。

需要强调的是，指导性的数量代表了采样点的最小数量，可能需要进一步的样本来获得污染场地的代表性数据（例如，在一个储罐井中可能包含了多个储罐，所以，根据实际情况，每个石油罐井的最低采样数量可能比指南中给出的最小采样数量 5 有所增加）。

例子：农场中一块小牧场包含了一个垃圾填埋池，其中，池中有大量的农药。从当地居民那里收集到的传闻表明，该填埋池位于小牧场一个一公顷大小的角落中，而且该填埋池最初的直径规模大约是 20 m。使用附录 B 中给出的计算公式，可以确定该填埋池的位置（基于圆形热点的半径为 10 m），并得出应使用大小为 17 m 的方格。对于一个一公顷的场地，这相当于最少有 35 个采样点。在不同深度需要采集的额外样本。

5.3.6.2　取样深度

必须根据已知的场地条件和所关注污染物的可能分布来确定取样深度，并且，在采样和分析计划中定义出取样深度。如果特定土壤中污染物的垂向分布趋势不明确，那么应在不同的深度收集土壤样本。应在两种深度或多种深度对土壤进行取样，以建立污染物的垂向分布。必须记录从采样深度和土壤剖面（例如，填充物、表层土、腐殖土或落叶层）收集到的样本，并作为数据解释的一部分（见章节 5.5.2.1）。

可以从整个土壤剖面收集土壤样本，从土壤表面（0～15 cm），以有规律间隔采样（例如，每隔 1 m）、在任何变化的地层中采样、在预期有污染物或观察到存在污染物的深度采样。通常情况下，不应穿过不同的土层收集样本（例如，穿过自然土壤和填充物的边界）。

表层样本的取样深度不应超过 15 cm，其典型的取样深度为 0～7.5 cm。当表层土壤样本的取样深度大于 15 cm 时，会增加表层土壤样被稀释的可能性，因为表层土壤样会与污染不严重的亚表土混合在一起。表层土壤样本的取样深度取决于数据质量目标（DQOs），一般情况下，使用 0～7.5 cm 的深度来代表直接的人类暴露，使用 0～15 cm 的深度来代表农产品的暴露，后者涵盖了重要的根际区域。

对挥发性有机物进行取样时，考虑到挥发性有机物易从土壤地表层损失，除非刚好检查到发生了化学品溢出的情况[取决于场地特定数据质量目标（DQOs）]，否则不采用常规的收集方法在地表层进行取样。

例子：地下储油罐底部泄漏仅对罐井底部以下土壤造成了污染，而对浅土影响很小或没有影响，油罐周围顶部 1 m 的土壤由含有砷的锅炉灰渣和之前表面溢出的残留柴油组成，取样目标旨在评估苯对地下水的影响，其中，地下水位于油罐底部下方的若干米，在现场调查期间并不对填充物进行取样，而在油罐底部的深度收集土壤样本，深度直到地下水位。

5.3.6.3 土壤取样技术

目前，有许多不同的土壤取样技术，而所采用的实际方法取决于以下各种因素：调查研究的目标、成本、存取、受干扰程度和修复。通常情况下，这些方法作为调查的一部分，都必须在同一种条件下使用以保证样品的完整性。

以下技术可以用于土壤样品采集：

- 表层和地表浅层手选取样；
- 手工钻取样；
- 试验井取样；
- 钻孔取样。

表 2 总结了主要的取样技术的一些优点和缺点。

表层和地表浅层手选取样

使用一个合适的泥铲、推管、塑料勺或铁铲来采集土壤样本。这是采集地表浅层和亚表层土壤样本的一种快捷有效的方法。用手将不锈钢材质的推管或土壤去心器推进土壤，至设定的深度（典型深度为 7.5～10 cm）来收集土壤。在不同样品和取样地点使用的所有手持工具必须经过清洗处理（见章节 5.3.8）。地表手选取样的主要缺点是取样深度受限制。

表2　土壤取样技术

技术	优点	缺点
手工抓取取样（泥铲、推管、铁铲、塑料铲子或不锈钢铲子）	低成本、快捷、无存取限制、土壤扰动最小	深度限制：表面–0.5 m，在土壤条件不好时该技术不适用，需要注意确保样本质量
手工钻，活瓣式设备	低成本、快捷、无存取限制、土壤扰动最小	深度限制：2～3 m（容易的），在土壤条件不好时该技术不适用，需要注意确保样本的质量，观察材料的性质有局限性，是劳动密集型技术
试验井（机械挖掘）	成本比钻孔成本低，相对快捷，可以对地层进行详细的观察，可以恢复样本	有土壤干扰、职业暴露、土壤是压紧的；深度限制为 3～5 m，主要取决于挖掘机；如果土壤不稳定以及有硬岩石时，该技术不适用；存在干扰的情况下，不适合安装监测井
钻孔（钻探设备——空心杆螺旋钻、空气旋转钻、冲击和螺旋钻）	土壤的微小干扰，有限的职业暴露，样本的精确恢复，能深度取样，适合大多数土壤状况，可用于安装地下水和蒸汽监测井	相比其他技术有较高的成本；观察材料有局限性；对于挥发物不适合使用空气旋转钻机；如果没有经过合适的设计，则会造成污染物迁移的优势路径

手工钻取样

手工钻是一种手动取样设备，或通过机器驱动将其打入土壤，其典型的挖掘直径为 6～15 cm。取样深度可以轻易达到 2～3 m，这取决于土壤的类型，有时也可能达到更深的深度。可以从钻机头部或一个配备有分离匙型取样器的钻杆来收集土壤样本。在那些不容易进入的取样地点可采用此种方式，也可以将挖掘的钻孔建造成监测井。钻杆取样的缺点是：样本大小受限制，深度受限制，如果收集的土壤样本脱离了螺旋叶片，就存在不同深度样本交叉污染的可能性。在从钻杆头部或螺旋叶片处收集样本时，会造成挥发物损失。

探井取样

使用一个反铲挖掘机来挖掘探井，也可以使用人工挖掘。典型的外形尺寸是矩形凹面，大约有 3 m 长，1 m 宽，3～4 m 深。探井的大小将取决于井、地层、存储量的稳定性和反向铲所能到达的深度。从挖掘机挖斗的中央收集土壤样本。要小心避免交叉污染。由于存在坍塌的可能，或有害气体的释放，故挖掘探井可能会存在危险。如果探井的深度大于 1.5 m，那么任何人都不应进入其中，如果有人要进入探井，则要对浅坑的稳定性和有害气体出现的可能性进行评估。在批准地基挖掘和竖井安全操作规程中[（职业安全健康）OSH，1995]有更进一步的安全指导。

探井可以使得我们对浅地层进行目测，可以将探井延伸到壕沟地带，以观察地层的范围或可见的污染物。探井的一个缺点是：会对土壤造成干扰，由于这个原因，探井不适用于收集原状土样，或为监测地下水和土壤气体而形成监测井。当挖掘探井时，应按挖出的次序把挖出的物料摆在井的旁边。当复原探井时，必须将挖出的土壤样品以同样的次序（该次序是指挖出物料的次序）放回井中（即，从井底部挖出的物料应放回到底部，依次类推）。

钻孔取样

可以使用不同类型的钻孔设备进行钻孔，这些钻孔适用于土壤取样和安装土壤气体或地下水监视设备。典型的钻孔直径为 150～200 mm，并可延伸到较深的深度。钻孔设备的类型取决于钻孔的深度、地质状况和建议的工作范围等。通常情况下，可用于土壤取样的钻孔设备包括连续旋翼式螺钻、空心杆钻机和空气旋转钻机。分离匙型或推管型的取样器适合收集土壤样本。钻孔取样的一个缺点是：有造成污染物迁移优势传导路径的可能性，所以，必须使用适当的钻孔和钻孔施工技术，将这种可能性降到最小。

不要使用空气旋转钻机来采集用于分析挥发性污染物的样本，因为会影响其样本的完整性。使用手工钻孔来避免引入污染物，其中，在钻孔期间，将水的增加降到最小。如果对有机化合物进行取样，则应在钻孔设备和外壳上使用非烃类油，以避免干扰到那些测试的分析参数。钻孔的优点包括：对一定深度的原状样本进行收集，选择正确的安装地下水和土壤气体监测井。

当选择样本取样技术时，应考虑以下因素：

- 数据质量目标（DQOs）；
- 目标分析物；
- 取样深度；
- 场地的物理限制（高度和访问障碍物，地形）；
- 土壤状况（地被植物、污染类型、稳定性、地下水深度）；
- 修复要求；
- 成本；
- 健康、安全和使用取样技术的环境后果。

5.3.6.4 混合取样

混合取样包括从不同的地点收集单个样本，并将同样质量的样本混合在一起，形成一个混合样。之后对这个混合样进行分析，并给出该样品的基本组成。富有经验的场地调查者在对场地历史进行全面的考虑后，才能使用混合取样法进行采样。使用混合样需要谨慎，因为在样本存在的高浓度污染物构成的混合样容易产生稀释效应，从而屏蔽了该污染物。必须根据相关的场地数据质量目标（DQOs），来做出使用混合取样的决定。

对于园艺土地和大范围污染场地的调查，通常使用混合取样技术，并且每个混合样本至少含有 4 个子样本。如果污染物是低浓度的、统一的，并且场地的历史明确，则该方法是合适的。

混合取样是一种性价比较高的方法，因为分析样品的数目减少了。在实验室中可能需要重新测试单个的子样本而增加成本。由于这种原因，应在试验室中进行样本混合，并保留个体样本。在章节 5.4.4.3 中提供了关于在实验室中进行样本混合的额外信息。

可以使用混合取样来描述暂存材料。例如，为确定处理地点是否可行，可描述一个具有相似污染水平的场地（例如，园艺场地）。含有挥发性有机物或疑似含有挥发性有机物的土壤不适合使用混合取样技术。

以下指导方针适用于混合采样方法的使用。

- 场地综合历史可靠，所有热点区域或大规模污染是已知的；
- 所有的混合样本均由同样数量和质量的子样本组成；
- 使用 4 个子样本来组成该混合物，分析检测限决定样品数量；
- 子样本通常是从相邻的位置和相似的深度获得（从相同的土壤或填充范围），且不允许不均匀（例如，一个子样本是碎石，另一个是泥土）；
- 在具有相同历史（相似的污染物和污染分布）的区域减少子样本；
- 必须在实验室对样本进行混合，要保留原始样本，以备对其进行重新测试；
- 对于挥发性物质则不适合使用混合取样，因为，混合样本的过程会导致挥发物的损失；
- 对于那些不易混合或含水率不同的土壤，则不适合使用混合取样；
- 当混合样结果与指导值进行比较时，必须将指导值除以混合样中子样本的数量之后再进行比较：

$$\text{调整的指导值}=\frac{\text{指导值}}{\text{混合物中子样本的数量}}$$

5.3.6.5　背景样本

在场地附近区域收集背景样品，场地附近的区域并未被场地污染所影响。如果数据质量目标（DQOs）需要，至少应收集一个背景样本。背景样本被用作代表附近未受干扰的原状自然土壤或表层土壤。实际上，获得真正的背景样品是困难的，因为场地污染一般是人为造成的，大多数场地周围区域往往疑似存在有害物质。

背景样本可以有助于显示一个场地是否存在污染物，由于区域的范围广阔，这些污染物可能由自然或人为原因造成，应根据以下几点来选择背景样品的合适取样位置：

- 场地地质状况（背景金属浓度与母岩类型有关）；
- 场地历史（在该位置无干扰）；
- 地形（不应从低洼地区收集样本，例如，沟，但是可以从地面凸起的区域收集样本）。

某些地区委员会有本地区主要类型自然土壤中常见的污染物（通常是金属）背景浓度水平的信息。

5.3.7 样品处理和运输

5.3.7.1 样品记录

必须对采集的所有土壤样品进行检查，使用统一的土壤描述方法和格式来记录土壤剖面。在采样点记录一些观察到的现象，包括天气条件、土壤表面、地形和污染物迁移优势、传导路径等，在采样图中明确样品的采集位置和深度。附录C中给出了记录土壤样品所推荐的方法，该方法是新西兰地质协会术语，用来描述野外土壤。土壤描述包括土壤的一般外貌、颜色、土壤类型、强度、含水量和颗粒形状等。为了环境调查，需要记录所有关于污染的证据信息（可观察到的标志、明显的臭味）和关于回填物性质的特定信息。同时，也需要记录任何明显的气味，但为保证健康一般不对样本进行直接的嗅闻。避免直接裸手处理土壤，在怀疑存在有害物质的场地，应戴上合适的手套对土壤进行处理。

5.3.7.2 取样位置和标签

一旦采集了土壤样品，应清晰且唯一地对其进行标记。每个样本保存的记录应包括：

- 一个唯一的样品编号（避免那些易混淆的数字和字母，例如，1 和 l，或 O 和 0）；
- 收集的日期、时间和位置；
- 取样者的名字；
- 场地观察得到的信息和天气条件。

在野外使用的笔记本上记录采样信息，需要明确场地精确的采样位置和所有观察结果或测量值，这些能影响对结果的解释。可以通过拍照的方式来记录取样位置，并在一块板上标记出相应位置。应使用防水钢笔或铅笔来进行取样记录，并在记录本上注明日期，签上名字。

5.3.7.3　样品处理

样品容器应由分析实验室提供，并保证容器清洁及合适的尺寸，以便于分析。在附录 D 中给出了分析样品之前所推荐的样品容器和保存时间。应对样品容器进行处理，以便确保在贮存期间样品的完整性不受破坏。应将样本保存在密闭容器中，使其远离热源，并做好避光保护，以交付给实验室对其进行分析。在推荐的保存时间内需要对样本进行分析，以确保分析的参数不会发生变化。

5.3.7.4　挥发性有机物取样

对有挥发性指标的样品（例如，有机溶剂、苯）进行采集时需要快速完成，并保持样品尽可能不被干扰。可以使用适当的土壤取样设备来收集样本。如果使用其他设备（例如，反铲挖掘机、空气旋转钻机）来收集样本，则要小心谨慎，因为挥发性有机物有损失的可能性。在报告阶段，必须指出这种方法的局限性。表 3 列出了对含有挥发性有机物土壤取样时所推荐的设备。

表3　挥发性有机物的取样方法

推荐的技术	推荐的技术
连续取样器	环形取样器
空心杆钻孔机	取样管
分离匙取样器	零顶隙取样器

在所有情况下，应采取以下措施使挥发性成分的损失降到最低：

- 对零顶隙取样器进行密封处理时，将该取样器运输到实验室，在实验室可以将取样器直接与分析仪器进行对接（这是一种昂贵的技术，而且需要特殊的实验室装配）；
- 使用除心装置进行溶剂萃取取样，并将样本转移到一个装有甲醇的瓶子中，该瓶子已预先称重；
- 直接填充到玻璃容器，直至该容器无顶部空隙（这将使用一个去心器对其进行采样）。

第三种方法在实践中最为常用，因为这不需要对瓶子进行预先称重或处理，以及甲醇运输。

必须对样本进行收集、密封，并快速将样品放置到在冷冻箱中，通过冷箱（例如，冷冻箱）的冰保持对样品的致冷保存。不能使样本结冰，因为样品结冰容易导致玻璃罐破裂。如果需要进行样品野外筛选（例如，顶空测试），则需要单独采集样品。取样后，应将所有挥发性样本尽快运送至实验室。

5.3.7.5 样品链管理

准备好样品链文件，以记录样本从场地采样点到实验室的处理和运输过程，也可以包括实验室分析指标。样品链包括调查团队内部的样品转移和快递公司对样本的运输。附录 E 中给出了一种典型的样品链形式。章节 5.4.2 中提供了更详细的信息，此信息显示样品链管理和实验室中样本接收的程序。

5.3.8 净化

净化程序包括：洗涤、冲洗和从设备或衣物暴露的表面去除污染物质的过程，采样过程中的设备和衣物暴露的表面可能或已经接触到了样本。净化过程必须避免污染已取样的区域和无污染的场地周围或场地其他区域。要保证车辆不被污染，而且要避免将来的交叉污染。收集所有的净化废弃物和废水，并对其进行适当的处理。可以收集清洗的空白样本（见章节 5.3.9）来评估净化过程的有效性。采用的净化程度要切合实际，并与数据质量目标（DQOs）相符。这不需要在每种情况下都来保证统一的净化水平。

净化程序包括以下几步：

- 个人处理土壤样品时，应在每个样品之间更换手套。
- 刮下或刷去粘在取样设备、衣物或靴子上的任何土壤。
- 用清洁剂清洗设备（用磷酸清洗任何需要清洗的地方）。
- 用自来水冲洗，之后用去离子水冲洗。
- 对于某些设备，可能需要以下配套措施：

— 为了对金属进行分析，先在稀硝酸中冲洗，然后用去离子水冲洗；

— 对明显的有机物污染，先用水进行清洗，然后，用丙酮（在某些情况下）、己烷冲洗（如果样本含有挥发性有机物，则不应使用丙酮和己烷溶液）。

- 储藏取样工具，以免造成再次污染（例如，当对有机物进行取样时，应将取样工具包裹在干净的锡箔纸中）。

大的取样设备，例如，在指定区域中有不同的取样位置，需要对在不同取样位置使用的反铲斗和钻机套管（这些设备与土壤接触）进行清洁。

- 通过刷、刮、擦的方式，移除任何松散的土壤。
- 用蒸汽清洁或用高压清洗装置清洁。
- 用饮用水进行冲洗。

5.3.9 现场质量保证（QA）和质量控制（QC）

在调查期间所收集的土壤样品，应尽可能代表该区域和取样位置的特征。在对土壤取样和分析的过程中，常会出现误差和不确定性因素，这些因素包括：

- 不好的取样设计；
- 不合适的取样程序；
- 不正确的土壤标记方法（例如，难以辨认或缺失）；
- 样本的处理和储存不当；
- 实验误差。

通常情况下现场取样的误差比分析过程中存在的误差明显。在土壤取样过程中，引起偏差和不确定性的因素包括：

- 未从正确的深度和位置收集样品；
- 当进行现场测量时，由于使用了受污染的探针、器具或其他仪器，致使样品受到了污染；
- 在不同的样品之间对工具进行净化处理，导致了样品之间的交叉污染；
- 目标分析参数是挥发性有机物，但样品暴露在空气中的时间过长；
- 样品暴露在汽车尾气、润滑油和其他外部污染源中。

现场取样时，质量保证（QA）和质量控制（QC）方案是必需的，这便于将样品误差控制在一个可接受的水平上，在数据质量目标（DQOs）中给出了这种可接受的水平数值。调查的所有阶段都应考虑质量保证（QA）和质量控制（QC）程序，这包括：

- 进行这项工作的人员资历和经验，特别是现场工作人员；
- 分包商的资历、资质和经验（包括实验室）；
- 合适的样品采集方法，设备的清洁和标定，现场质量控制样品（QC）的收集；
- 对工作和收集的数据进行精确的记录，包括所有观察细节或取样时的情况，这可能有助于对数据进行解释；
- 监管程序和样本储藏链；
- 对进行的工作进行审核和审查，包括数据报告和数据解释。

在现场取样的过程中通常用偏差和精准性两个指标来表征测量数据与数据质

量目标（DQOs）之间的符合程度。精确性被称为是数据随机变化的一种度量，也是可再现性的一种度量。偏差被称为数据的系统偏差（误差），它会影响精度（例如，与真实值的接近程度）。通常利用重复样来估计精度，同时用空白样来评估偏差（见章节 5.3.9.1 和章节 5.5.4.3）。

5.3.9.1 现场质量控制（QC）

现场质量控制（QC）程序用来控制采样误差，其应记录在取样和分析计划中。现场质量控制（QC）程序应包括现场质量控制（QC）样品的采集和在数据收集过程中的技术评论。采集的质量控制（QC）样品数量依赖于数据质量目标（DQOs）和采用的调查类型。通过采集质量控制（QC）样品和增加样品数量可以在评价中达到较高的置信区间。

现场质量控制（QC）程序用于监控在取样、处理和实验室分析过程中的不确定性。表 4 概括了现场质量控制（QC）样本推荐的样品数量，在土壤样品采集时应包含这些样本。

表4 现场质量控制（QC）样品

质量控制样本	推荐的样本数量	使用
盲样	每 10 个样本收集 1 个	所有取样
分样*	每 20 个样本收集 1 个	现场认证/可能的问题确定
清洗空白样	每分析矩阵/仪器/天 1 个	取决于数据质量目标（DQOs）
运输空白样	每批有机物或挥发性有机污染物样品的托运	一般用于水
现场空白样	每批有机物或挥发性有机污染物样品的托运	仅取样——取决于数据质量目标（DQOs）

*见章节 5.4.5.3 和章节 5.5.4.3。

盲样

盲样也被称为是现场样品副本或复制品，包括从一个取样地点收集两个单独的（相同的）样本，并分别存放在两个容器中，作为两个单独的样本提交给实验室进行分析。这些盲样应该单独进行标记以便让实验室不能识别该样本是某样品的副本或盲样（重复样）。盲样可以提供关于整体样品结果的变异性，以及在采样技术和实验室分析方面的精度信息。采样过程中每次收集 10 个样本后至少保证采集一个盲样，同时需要符合数据质量目标（DQOs）要求。

原始样品和重复样分析结果需要进行比较。如果盲样与原始样结果的相对差异百分比在 30%～50%以下，这在取样数据质量目标（DQOs）中认为是可以接受的。数据质量目标中可接受的相对差异百分比应在调查之初建立，并将其包含在数据质量目标（DQOs）的取样计划中。章节5.5.8中提供了解释重复采样结果更详细的信息。

$$\text{相对差异百分比}=\frac{(\text{1号结果}-\text{2号结果})\times 100}{\text{结果平均值}}$$

分样

分样用于检测分析的熟练程度，并提供关于样品整体变异性或实验室分析的精度信息。在野外不要准备分样。通过要求主要分包实验室彻底均化一个样品后，将样品的一部分寄送给第三方独立实验室进行分析。第三方实验室的分析结果直接反馈给现场调查员，而不反馈给主要分包实验室。在现场详细调查或补充调查阶段一般不采用分样，而在现场修复工程的验收或分析过程中怀疑有问题时采用分样的方法。挥发性有机污染物一般不采用分样方法。第一次收集的样品达到20个时建议设置一个分样，之后每20个样品设置一个分样，这还将取决于特定的数据质量目标（DQOs）的要求。

设备清洗空白样

在设备净化之后，收集设备清洗空白样品，该样品通过流动的去离子水冲洗取样设备并收集去离子水。对该样品进行污染物全扫描测试，用于评估净化程序造成不同样品间交叉污染的可能性。从直接与样品接触的设备中（例如，钻孔机头部、泥铲）收集清洗空白样，因为在土壤采样过程中样本间的交叉污染影响取样和评估过程的有效性。建议根据每种采样技术和每个取样团队，每天收集一个清洗空白样，同时还要取决于现场调查数据质量目标（DQOs）。如果有交叉污染或现场污染的标志应对该样本进行分析。

运输和现场空白样

通常情况下，对挥发性有机物进行取样和研究时，会使用现场空白样和运输空白样。章节5.5.8中提供了解释现场空白样结果的详细信息。根据数据质量目标（DQOs）在样品的托运过程中收集运输空白样和现场空白样，把这些空白样与同一批样品（通常有20～30个样本）运送至实验室进行分析。

运输空白样是用装满去离子水的取样瓶，由实验室统一配送。这些容器用来保存土壤样品，在野外密封后送回实验室。运输空白样用于识别在运输或存储期间的混合物，这些混合物可能已进入到土壤样品中。现场空白样是用装满去离子水的取样瓶，在取样期间，将这些瓶子保持打开状态，取样结束后将与其他土壤样品一同送回实验室。现场空白样本分析是为了识别采样期间的可能混入到土壤样品中的污染物（例如，从空气沉降或蒸汽）。

5.3.10 分析指标选择

分析指标选择必须与初步现场调查结果、数据质量目标（DQOs）和其他现场调查观察结果以及测量值相一致。关于场地当前和历史活动的信息，特别是任何已知事故（例如，化合物泄漏或者溢出），可以为确定污染物奠定基础。场地概念模型可以用于帮助确定土壤剖面中污染物的存在位置。污染土地管理指南纲要 B（环境部，2004b）明确了一些与工业活动和工业过程相关的污染物类型。

土壤样品分析技术从大范围筛选技术到个体参数详细的分析方法不等。数据质量目标决定所选择的分析方法。

实验室分析过程中能够确保检测限需求的技术才能符合调查目标的要求。一般来说，分析过程中检出限应至少是目标污染物指导值的十分之一检测限，必须总是低于指导值。附录 F 提供了关于分析方法检出限与指导值的进一步讨论。

分析指标的选择将会影响样品采集的数量，同时，在调查研究开始前需要确定合适的样本容器和保存要求。对于挥发性土壤污染物，要求保持样品冷冻，且避免阳光直射。

5.3.11 健康、安全和环境考虑

污染场地调查研究中健康、安全和环境的考虑是一个重要组成部分，这是因为在调查期间，污染物可能对工作人员和环境可能产生一些风险，包括毒性反应、身体损伤和危害，因此，必须对这些进行评价和管理。劳工法（1992，修订版）健康和安全条例已经规定了现场工作的职业卫生和安全要求，该法律重点强调了员工在工作时要保证身体健康。另外，《资源管理法（1991）》第 17 条规定，每个人有义务避免、修复或者转移由于人为活动对环境造成的不良影响。可以参考相关立法、文件和批准的法规条款。一些常用的文件包含在参考文献和其他章节信息中。

健康、安全和环境计划（HSEP）应作为场地调查工作的一部分来准备。这份计划应当识别所有潜在危害，并且指出将要采取的措施，以消除、隔离或者降低这些危害。场地健康、安全和环境计划（HSEP）用于告知工作人员潜在的物理和化学危害、健康和安全责任、正常工作注意事项、监测要求，以及措施水平和应急规定。建议的方法是对调查过程中不同工种进行安全性分析。也应当针对不同场地特性进行培训，以确保场地工作人员知道如何安全地开展工作。

表 5 是场地调查期间可能遇到的危害列表。这些危害分类如下：

- 化学、生物和放射性危害；

- 物理危害；
- 环境危害。

健康、安全和环境计划（HSEP）的内容和其中的工作安全分析案例表格在附录A中。

表5　识别的危害清单

潜在危害	
• 在马路上或者马路附近工作；	• 工作在危险区域；
• 在高度超过3 m的区域工作；	• 处理易燃材料或者毒性材料；
• 从事挖掘工作；	• 暴露于空气、土壤和/或水中的污染物；
• 进入密闭空间；	• 使用呼吸装置/呼吸机；
• 拆除活动（包括管道和油罐）；	• 暴露于细菌、病毒或者其他病原微生物；
• 使用大型运土设备；	• OSH需申报的活动；
• 在活动工厂/设备中工作（包括电子设备）；	• 使用热加工工具（焊机、切割机和研磨机）；
• 基本维修隔离或者中断；	• 工作在偏远地区；
• 地下和/或空中服务；	• 长途驾驶；
• 公众进入工作区域；	• 在有易燃蒸汽存在的地方使用电子设备和移动电话。

5.3.11.1　化学、生物和放射性危害

在场地调查、样本处理和处置期间，必须对可能存在的污染物性质进行确认，同时，也需要对所有相关的化学、生物或者放射性危害进行评价，并且需要采取必要的预防措施。职业安全和卫生（OSH）工作场地暴露标准为各种化合物工作人员暴露可接受水平提供了指导。场地工作人员可以通过吸入蒸汽或灰尘、摄取和皮肤接触而受到危害，同时，必须制订合适的工作程序来保护场地工作人员，样品处理工作人员（例如，实验室工作人员）以及一般公众。

通过设定不同的工作区域对具体的场地调查进行管理，这些区域包括受污染区域周围的禁止区域、场地工作人员和设备排污区域以及补给区域。这些工作区域应当只有控制必要性的场地工作人员才许可进入。场地工作区域可使用多种方式标记，包括胶带、锥体和标识牌，以及完全栅栏和围栏。每一个区域所进行的活动在健康、安全和环境计划（HSEP）中都有定义，而且需要建立每一个区域的监测级别和人员保护级别。应当对健康、安全和环境计划（HSEP）定义的监测要求和措施级别进行评估。监测包括使用手持气体监测器、个人监测器、自动气体监测器、环境监测器和放射量测定器。应当对所有的监测设备进行校准，并在使

用前和使用期间进行核查，同时，应当清楚地告知所有工作人员如何使用这些设备，以及相关的应急撤离程序。个体防护设备的使用以及所需的设备级别应当在健康、安全和环境计划（HSEP）中进行规定。一般来说，它包括耐化学品手套、靴子、工作裤、安全帽、护耳器、眼罩和高可见度马甲。根据场地危害的不同，有必要配备呼吸防护设备和其他皮肤保护设备。

5.3.11.2 物理危害

应当对场地调查期间的物理危害进行评价，这些物理危害包括以下方面：

地下和地上设施

在受污染场地调查研究期间，地下和地上设施均可以产生危害。地下设施包括电和气体，如果受到破坏，它们很可能产生极其严重且致命的危害。通过接触导体并放电，地上电源线可以引起电休克（例如，钻机或者测量电极）。必须制订一些程序来识别和管理这些危害，包括标出远离架空电力线路最小间隙的免进区域；从场地所有者、占有者和公共设施公司获取有关地下设备信息；使用探测设备描绘出地下设备位置以及可以手挖至无设备的某一深度。

深挖

挖掘深度超过 1.5 m 被认为是一个有限空间，不建议进入。应当对工作人员进行相关的培训后方可进入有限空间，需要对挖掘的地方进行相应的预防性破坏或者用支柱撑住。在挖掘坑内可能会出现滑入、跌落和绊倒的情况，因此不应当对这些挖掘坑掉以轻心。同时，这些露天挖掘坑可能会有气体释放并能够蓄积于壕沟之中。因此，应当对所有的挖掘坑和孔进行回填与加盖，或者圈起来并标记。应当以适当的方式来对这些开挖坑进行复原，这些方式在章节 5.3.6.3 中会有介绍。

使用机械

机械和设备使用相关的危害包括在松软、有斜坡或者不稳定的地面上作业、震荡、噪声产生、有限视力范围内设备移动操作（抬起、倒转、悬挂）、钻机上的转动设备、爆破软管和设备破损。所有的设备均应当由经过培训的专业人员进行操作，操作过程应当受到监督检查，以维持安全的工作秩序。机械周围的现场工作应在机械操作人员和现场采样工作人员共同清晰沟通的信号指导下完成。

灰尘和气味

灰尘和气味经由污染物暴露途径可能对场地工作人员产生危害，并且也能够对周围区域的工作人员产生危害。将灰尘减少至最低限度的方法包括：在干燥多风的天气期间限制场地中的特定活动，阻止进入工作区域，限制机械进入，限制速度，以及安装防风墙。

5.3.11.3　环境危害

由污染物本身或者扰动对环境造成的任何危害需要进行评价。环境危害包括损害稀有栖息地或者濒危物种，对地下水构成污染的新途径，向之前未受污染的土层、未受控制的径流水引入污染物，以及错误地处置废弃品等。同时也应考虑潜在环境危害（例如，动物咬伤、昆虫咬伤、晒伤皮肤、高温和低温）。管理环境危害的程序应当作为场地调查工作的一部分，同时需在进行相关工作前获得有关许可。

地下水保护

如果在场地初步调查中评价地下水为敏感，那么地面干扰可能影响地下水质量时，则工作期间必须采取措施。避免污染地下水的措施包括：钻探时使用合适的钻孔施工技术来隔离含水层；如果污染物存在于地下水位或者附近，或者很可能由于钻探调查而产生移动，那么可以限制挖掘深度。

土壤保护

应当采取合理的措施避免将污染传播到之前未受污染的场地区域。设备和器械从受污染区域移动到未污染区域时需要进行控制。在挖掘工作期间，应当恰当处理受污染的弃土。异地处理或者处置时清理各种弃土。如果回填则需要按照原来挖掘的次序来进行（见章节 5.3.6.3）。

栖息地保护

需谨慎地完成在动物和植物受到保护的区域内进行的工作。识别场地活动所产生的影响以及采取合理的措施，将任何不良影响降到最低。采取的措施包括：制订特定时间工作的计划表（例如，不在繁殖季节进行）；使用干扰最小的调查技术（例如，使用人工钻而不是机械挖掘探坑），以及将采样位置迁移到栖息地受影响较小的区域。

5.3.11.4　废物处理

对存在有害物质的场地进行调查可能引起一系列的污染产生，包括：

- 清洗过程中的冲洗水和固体残留物；
- 废弃手套、布块和塑料薄膜；
- 采样点多余的挖掘土。

上述废弃物都可能受到污染，且必须对其进行处理，以便将与有害物质相关的风险降到最低。防止污染物传播到邻近区域或者道路上。被污染的废水需要经过污水处理系统进行处置，如果可行，需要经过相关部门的批准。废弃物和被污染的现场设备（例如，手套、工作裤和塑料薄膜）在运至远距离场地处理或者处置前，必须暂时对其进行贮藏。

把废弃物安全地贮藏到一个有标识的容器之中（例如，圆桶），并对分析结果进行审核和评价，以确定废弃物类别（有害物质还是无害物质）。查询新西兰废弃物清单（L-code），以确定废弃物是否列入有害物质中，或者评价材料中是否含有有害物质特性，或者是否产生有害浸出液。有害特性的实例包括易燃性、毒性和侵蚀性。HSNO 阈值和分类的用户指南（2001）提供了有害特性的阈值。可以从环境部网站上获取有关鉴别有害废弃物的指南（www.mfe.govt.nz）。

一旦完成分类，就应根据本地处理或处置机构许可条款对其进行处理处置。如果废弃物浓度超出填埋区废弃物接受标准，那么可能需要对其进行固化处理。有害废弃物管理指南要求需要保存有害废弃物管理记录，包括产生、运输和处置废弃物的类型和数量。如果场地中的有害物质进行了存储或处理处置，那么需要保存记录，以便将来查看参考。

5.4 实验室分析

5.4.1 实验室选择

分析实验室的选择必须基于实验室经验和执行达到标准的分析能力。可以通过以下几种方式来验证：

- 经过一些机构的认可认证（例如，IANZ[①]或者 NATA[②]或者 NZS/ISO/IEC[③]指南 17025）；
- 一个审计实验室，或者查看其他机构的审计结果；
- 实验室承担该类型工作的既往经验；
- 参与实验室能力比对项目。

由 IANS 或 NATA 等类型第三方审计机构出具认证证书的实验室满足 17025 条款的最低要求。为了获得认证资质，实验室必须证明他们从事的相关检测有相应的技术专家、试验场地、仪器设备和质量管理系统。需要提供员工培训文件、测试方法、质量过程、设备校准和维护、文件控制、实验室客户咨询回复、校准和预防措施，以及持续进行的审计。来自审计机构的工作人员和独立技术评价人

① 新西兰国际认证机构。

② 国家检测机构协会，澳大利亚。

③ 新西兰标准化组织/国际标准化组织/国际电工委员会。

员均可进行审计，从而给予认证。

请注意，获得认证的实验室并不意味着该实验室所使用的所有检测方法均通过了认证。为了获得单个检测方法的认证，实验室必须向一名独立的技术评估人员证实，他们拥有经过记录的测试方法程序，有验证的方法（见章节 5.4.5.2），有适宜的设备，并且具有相应知识和经验的工作人员，以及有能力开展所记录的检测项目。实验室也必须定期使用测试方法，出于该原因，一些极少使用的方法不会进行认证。

5.4.2 样本处理

5.4.2.1 计划

有效的场地调查研究需要计划，同时，在样本采集工作开始之前，应当讨论实验室分析测试要求。实验室的讨论内容涵盖以下几个方面：

- 采样矩阵；
- 所需的分析物；
- 分析方法；
- 方法检测限（MDL）或者实际定量限（PQL）；
- 样本采集容器；
- 保存要求；
- 存储和运输条件；
- 运输空白规定；
- 需要的结果转换（非常规“优先”转换可能需要与实验室进行特殊的协调）；
- 样本合成；
- 处理非均质样品；
- 测试后的样品保留；

5.4.2.2 文件编制

样品链表格（见章节 5.3.7.5 和附录 E）必须和样品在一起。它详细介绍了样品从采集运输到目的地的关联。样品链文件必须至少包含下述信息：

- 样品采集的时间和日期；
- 运输样品的人员姓名；
- 实验室收到样品的时间和日期；
- 收到样品的人员姓名；
- 报告人员的姓名和详细联系方式；

- 分析紧迫性（例行或者优先转换）；
- 委托检验人或者工作编号。

对于每一个样品，必须包含下述记录：

- 唯一识别符号（该识别符号必须与容器中的一致）；
- 基质（例如，土壤）；
- 检测要求，包括最低检测限（DL）/实际定量限（PQL）；
- 是否要求进行特定的检测方法（这些应当预先与实验室进行讨论）；

可以提供给实验室的其他有用信息包括：

- 实验室结果报告形式（例如，任何硬拷贝、传真、电话和电子文件的组合）；
- 样本中污染物可能浓度的指征，特别是浓度较高时（这对实验室来说是非常有用的，这是因为分析物浓度可能污染实验室设备，造成对其他样本的交叉污染，故需要使用较小的样本量或者稀释液，来进行再分析，这可以减缓转换）；
- 如果和前期工作有关，那么需要实验室引用或者参考编号；
- 如果需要分样，那么需提供另外一个实验室的名称、地址和具体联系方式，报告和发票直接提供给样品呈送人。

5.4.2.3 实验室收到样本

实验室应给每一批样品分配一个唯一标识号，同时，每一个样品也应能够分别被识别。在实验室分析研究的每个阶段，必须能够对所有样品进行跟踪。

实验室收到样品时，所有样品均应未打开，接受样品链核查，并且尽快放置到适宜存储地。样品链应当补充完善样品收到日期和时间、实验室标识符、对样品负责的实验室代表姓名，以及任何其他备注（如有必要）（例如，样品链上的名称与容器上的名称不一致；容器丢失或者损坏；样本温度或者样品容器温度）。补充完整的样品链应当传真给指定的联系人以确认样品收到。

5.4.2.4 样本保留时间

附录D中给出了推荐的样品容器，以及分析样品前的保留时间。保留时间不是标准值，仅用于参考，因为随时间的延长、样品基质可能产生变化。样品采集后分析物的性质可能受到下述因素变化的影响：

- 挥发损失；
- 光降解；
- 因暴露于氧气或者其他化合物而降解；

- 经由活生物体降解；

样本降解或者损失的速率取决于分析物、基质和其他因素（例如，氧气、光、土壤微生物、湿度和温度）以及场地条件。这些改变可以通过下列措施来减少至最低，分别为：使用合适的容器收集样品；使用防护层（如果合适）；冷冻保存样本；尽可能快速分析。样品保存方法应当记录完整。

> 实例：某场地污染在数年或数月前发生，采样后多环芳香烃类（PAH）浓度不可能发生任何显著的变化，但推荐的多环芳香烃类（PAH）保留时间是 14 天。然而，通过深挖采集的多环芳香烃类污染物（PAH）（厌氧环境）可能在光和氧气暴露条件下出现急剧的变化。

在制定数据质量目标（DQOs）时应考虑分析前的指导保留时间和以下因素：

- 必要的完成时间；
- 法规（法律）要求；
- 位置和运输考虑；
- 样品数量和实验室能力。

5.4.2.5　分析后样品的保留

如果需要对样本进行进一步分析，或者对分析结果存在疑问时，样品在测试完成后需要继续保留一段时间。样本的保留时间取决于所进行的分析项目（例如，不能保留微生物样本，但是，差不多可以无限期保存金属样本）、基质、存储条件和空间考虑。应当和实验室提前讨论特定要求。

在申请对保留样本进行进一步分析时，应考虑分析指标的性质和可能的损失/降解。

5.4.3　有害性样品

实验室应当把所有样品作为“潜在有害样品”来对待，同时，使用适宜的防护罩[例如，实验室工作服、手套和护目镜（根据要求）]，这需要按照实验室标准的做法执行。场地调查的健康、安全和环境计划（HSEP）可以鉴定所有化学、生物和放射性危害，同时，应当告知实验室这些方面的内容（见章节 5.3.11.1）。

已知具有特定危害的样品应当在容器上清楚的标识，这些样品需要进行特殊的包装，然后，才可运送到实验室，例如碳氢化合物类的样品，这些样品的运输需要符合土地运输法要求。

实验室应建立一套程序来识别、标记、存储和处置有害样品和废弃物。实验室分析所产生的所有有害样品和有害废弃物应当贮藏在指定区域，并且由有害废弃物合约商进行处理。在一些情况下可能需要将样品返回给废弃物生产商，对其中的材料进行处理与处置。

5.4.4 样品处理方法

5.4.4.1 非均质样本

实验室收到的土壤样品均应作为非均质样品来处理，并且在子样本取出分析前进行均质化处理，该步骤必须在不造成分析指标损失的条件下完成（章节 5.4.4.3 概述了该内容）。挥发性指标的样品分析应尽可能地按原始状态进行。均质化是混合样本以获得分析前整个样本一致性的过程。一些不具有代表性的组分（例如，细枝、叶子和石头）往往也被取走，也可以取走较大的鹅卵石（见章节 5.2.3.2）。为了确保样本的一致性，往往需要减少样品的粒径，这可以通过粉碎和碾碎来实现。

对一些充填材料、黏土、多卵石土壤和高含油土壤样品往往难以混合，因此需要对其进行特殊处理。在实验室收到样品应提前与实验室讨论有关处理非均质样品的方法。处理非均质样品的方法根据数据质量目标不同而有所不同。

实验室可以使用处理非均质样品的方法包括：

- 使用一个规格为 2 mm 的筛子筛分样本，并记录分离的比例。分析 2 mm 部分的样本；
- 减少粒径，通过磨碎和粉碎来研磨样本，以便于分析过程包含整个样本；
- 通过分离有关材料和分析物（例如，被碳氢化合物污染的碎石），来获得子样本（见章节 5.4.4.2）。通过产品识别和自由相数量的视觉评估能够对自由相碳氢化合物分别进行分析。

在第一种方法中，2 mm 以下部分的样品在整个样本中占极小部分（根据体重或者容积），如果将这些结果应用于原始样本，那么这会导致结果误差较高。为了克服该问题，需要对 2 mm 以下和以上的部分所占的比例进行测定，因此，引入了一个校正系数。第二种方法可以得到整体样本较为正确的数值，它假设分析物很稳定，可以对其进行研磨，但不能体现数据质量目标的要求。

5.4.4.2 实验室子取样

实验室需要进行二次取样，以减少分析的样品量。通常用 1 千克的容器装有样品用于实验室的大量分析，但是个体样本分析仅需要使用数克的样品。

实验室对样本完成均质化过程后，才可进行子样品的取样过程，同时必须减少取样偏差以确保子样品能真实代表原始样本。子样品取样过程不能改变样本的整体性质，或者由于其他原因造成目标分析物的损失。

子样品取样方法的选择依赖于待测定的分析指标，方法包括：

- 长堆法——将样本置于一个长堆上，使用取样铲将堆体分为两个等同的堆体，并使用另外一个取样铲将其中一个堆分为两份。接着，随机地选择一个土堆，持续该过程，以减少样本量。
- 圆锥四分法——将样品置于洁净、平整的板面（聚乙烯板、木板等）上，堆成圆锥形，将圆锥尖顶压平，用十字分样板自上压下，分成四等份，保留任意对角的两等份，重复上述操作至达到所需分析试样的最小量。
- 二分器缩分法——按照缩分试样的粒度采用不同规格的二分器。样品通过二分器三次混合后，放入给料容器中。将给料容器的样品铺平，缩分时样品沿二分器全部格槽均匀散落.通过二分器的样品收集于两个接收器中。随机选择一个接收器内的样品作为保留样品，如需进一步缩分，保留样品可以再次或多次通过二分器，此时要从二分器两侧的接收器内交替收集保留样品，接收器应与主体密合，以减少粉尘和水分的损失。

用于分析挥发性物质的子取样（挥发性有机物，BTEX 和总石油烃类）应当采用钻心法技术来完成，该技术可以减少样本损失，并且可以获得具有相当代表性的子样本。

> 样品制备实例：如果待测定的物质仅是金属和非挥发性有机物（例如，多氯联苯），那么可以将样本摊在托盘上，然后均匀混合，四分法完成后，相对应的四等份样本返回至原始容器中，以作为现场鲜样保存。剩余的样本在研钵和研棒碾磨之前，置于 35℃空气中过夜干燥，之后，经过 2 mm 筛子进行筛分。接着，干燥且经过筛分的样本作为分析程序的一部分接受二次取样（例如，仅需要 0.5～1.0 g 样本用于金属分析）。

5.4.4.3　混合样

实验室混合样是指将每一份个体样本混合在一起，从而得到一个用于分析的混合样。通常，混合的目的是为了在调查过程中控制成本效益（章节 5.3.6.4 提供了对采集样本混合的具体步骤）。

挥发性成分和半挥发性成分（例如，多环芳香烃类和总石油烃类）样品不能混合，因为混合容易引起挥发性成分损失，从而导致样本浓度偏低。

混合前，所有的样本必须完全均一化，例如，可以将样本平摊在一个托盘上，混合后四分法分取，将不用的分离样本倒回至原始容器中，而混合剩余的样本，个体样本的均化和混合不会降低目标分析物的完整性。

应当保留剩余的均化样品，以便未来对个体样品进行分析。

5.4.5 分析方法

5.4.5.1 选择分析方法

分析方法必须满足数据质量目标的要求。当选择一个分析方法时，需要考虑的因素包括：

- 要求的检出限（例如，初步调查的筛查方法；最终修复验证的痕量浓度特定检测方法）；
- 要求的结果完成时间——较低的检测限需要实验室做更多的工作，这也意味着需要耗费更多时间；
- 成本；
- 要求的技术（例如，提取方法是否符合导则要求）；

这往往是完成时间、检测限和成本之间的平衡。

多种常用仪器检测方法可以用于土壤分析指标的测定，附录 G 总结了金属和有机物分析的方法。相比于“参考”方法，筛查试验方法往往不那么严格。尽管精度对于场地验收来说达不到要求，但它们适用于场地修复的过程监测。

如果实验室拥有经过验证的分析方法，那么可以使用这些方法。实际上，绝大多数实验室的分析方法都是基于一些机构认证的标准方法。这些机构包括美国环境保护署（USEPA），美国材料试验协会（ASTM）或者美国公共卫生协会/美国自来水厂协会/水环境联合会（APHA/AWWA/WEF）。在美国环境保护署（USEPA）网站（www.epa.gov/region01/oarm/testmeth.pdf）上可以获取美国环境保护署（USEPA）检测方法副本的有关详细指导。每个实验室可以对这些方法进行修改，以使用不同的设备进行开发创新。实验室必须对方法修改进行验证。

经过了全面的验证新技术或新方法可以直接使用。验证数据必须具有可获得性。

5.4.5.2 分析方法验证

实验室应当能够提供有关使用分析方法的验证报告。报告包括下述内容：

- 分析化合物的特异性；
- 分析范围；
- 基质回收效率；
- 方法检出限（之后能够计算的定量水平，这在附录F中有介绍）；
- 精密度，批次内和批次间。

如有可能，验证报告应当包括：

- 实验室间能力比对项目结果；
- 法定标准物质的结果；
- 基质中分析物的稳定性；
- 提取物/消解物中分析物的稳定性；
- 与其他方法分析同一指标的结果对比。

验证报告也应当包括实验室质量控制分析的接受范围，例如，空白样、回收样、平行样和质量控制样。

5.4.5.3 实验室间比对项目和法定标准物质

实验室应当使用标准物质来验证分析方法。并不是所有的分析物都有标准物质，而标准物质也通常作为方法验证的一部分来使用，而不是作为实验室常规质控样本的一部分来使用。

实验室间比对项目可以用于证实实验室进行特定样本分析的能力，同时，项目性能结果也可用于方法验证。项目结果的持续监测可以构成实验室质量保证的一部分。

5.4.5.4 金属和类金属

分析指标和类金属物质的选择取决于场地历史，包括以前的土地使用情况和建议的土地使用情况（见章节5.2.2.1）。自然环境中常有低浓度的痕量金属出现，但如果金属浓度升高就表明该块土地使用了有害物质。对人体健康产生毒性和有害的类金属，以及土壤中常分析的类金属包括砷、硼、镉、铬、铜、汞、镍、铅和锌。此类金属（除硼之外）也就是所谓的“重金属”，尽管从严格意义上来说，砷并不是一种金属，而是一种类金属。对于特定场地，其他金属（例如，银）或者类金属（例如，锑）可能是关注的物质，这取决于场地中所进行的活动。

土壤中金属以多种不同形式存在，包括可溶性离子和复合物，金属氢氧化物，硫化物，沉淀物以及不溶性复合物。可以对土壤中的总金属或者可提取态金属进行分析，首先，必须对样品进行干燥，以确保结果可以以每公斤含量[往往是毫克/千克（干重）]来表示。不同的提取方法提取出的金属比例也不同。根据场地性质的要求，金属形态（例如，铬Ⅵ或砷Ⅲ）也可能有特别的要求，这就要求使用特定的检测方法，不能使用下面所述的总量消解方法进行分析。

场地具体调查过程中常用的分析方法[美国环境保护署（US EPA）]为总可回收金属分析法，该部分金属是正常环境条件下可以通过提取或者渗滤得到的部分，而不是与土壤二氧化硅基质结合的总金属。制备样本包括干燥和碾磨样品，并通过一个 2 mm 筛子得到均匀样品，取土壤的子样本进行消解。

美国环境保护署（US EPA）200.2 全量金属是通过硝酸和盐酸的消解。此种消解方法并未完全地破坏二氧化硅基质，也不能完全地提取强烈吸附在间隙的金属，但是，该方法代表了已有的易于提取的金属部分。分析过程中采用基质匹配标准法进行消解物分析校准，并可以合适的仪器方法进行验证（见附录 G）。

全量金属也可以使用 X 射线荧光光谱法进行分析，现场仪器也可用来分析（见章节 5.3.5），在仪器分析前使用氢氟酸/王水消解（见附录 G）。

5.4.5.5 半挥发性有机化合物（SVOC）

关于有机化合物的分析方法遵循下述原则：制备样本、从土壤中提取相关化合物，洗脱，以及对提取物进行分析。对单个子样本干燥，测定含水量，结果校正为 mg/kg（干重）的单位含量。半挥发性有机化合物（SVOC）是可以使用非极性溶剂（例如，己烷、二氯甲烷或者超临界二氧化碳）提取而且在分析条件下具有一定的热稳定性（通常是气相-质谱，气化温度高于 320℃，温度升高程度从 50℃左右到 350℃）。

通过调整提取液 pH（高 pH，提取碱性-中性组分；低 pH，提取酸性组分）来对提取进行适当的改变。接着合并提取物，从而得到碱性-中性和酸性提取物，有时称为 BNA，在新西兰称之为半挥发性有机化合物（SVOC）。

半挥发性有机化合物（SVOC）的分析作为土壤调查过程中的筛选测试。本类别包含大量的化合物类型，这些化合物包括有机氯杀虫剂、其他杀虫剂、多环芳香烃类、邻苯二甲酸盐类、酚类化合物、一些碳氢化合物类、多氯联苯类（PCB）和工业用化合物等。

半挥发性有机化合物（SVOC）筛查检测方法需要通过一些化合物来校准（通常是 80 种化合物或者以上），这由检测要求、标准品的可获得性以及实用性来决定。从美国环境保护署（US EPA）方法 SW-846 所给出的大量列表中选择这些校准化合物，其涵盖了土壤废弃物中的主要有毒化合物。具有半定量数据的非校准化合物也可使用色谱图中的色谱峰来报告，并与质谱数据库中的数据进行对比（库检索报告）。

请注意，某一种化合物（或者多种化合物）浓度过高时，特别是碳氢化合物类，容易引起检出限高于正常检测限。

对于某些特定的半挥发性有机化合物（SVOC）也有对应的分析方法，包括有机氯杀虫剂、多氯联苯类（PCB）、多环芳香烃类和二噁英。如果已知目标参数，那么就可以对特定类别化合物进行分析。使用特定有机物分析的优点[该方法与半挥发性有机化合物（SVOC）筛查方法相反]包括：该方法的检出限较低，较少受到干扰，相比于筛查分析，其更为准确。使用特异性试验的缺点是相比于筛查分析方法需要更多的时间和成本。

5.4.5.6　总石油烃类（TPH）

总石油烃类（TPH）检测是一种非特异性检测，该方法是基于从有机溶剂中提取土壤基质中的化合物，并测量溶剂中溶解的化合物浓度，通常使用气相色谱火焰离子化检测器。对于场地调查研究，它是一种极其有用的检测方法，色谱峰峰形能用于帮助识别所存在污染物的类型。总石油烃类（TPH）检测可以测定所有溶解于溶剂中的化合物，包括石油烃类以及其他有机化合物。

总石油烃类（TPH）分析一般不应用于存在有害物质的场地中，因为结果也可包括许多与石油无关的化合物，例如，自然产生的化合物（例如，萜烯类）或者其他工业化合物（例如，溶剂）。

烃类化合物是指结构中仅含有氢和碳原子的化合物，但是，许多其他类型的化合物也可被提取分离出来，例如，含氯化合物[多氯联苯类（PCB），有机氯杀虫剂]和氧化产物（例如，邻苯二甲酸盐类、三酰甘油类和甾醇类）。

溶剂提取法可以造成挥发性产物的损失。总石油烃类（TPH）检测方法所能够提取的碳链长度通常为 C7-C36。图 5 给出了一些典型碳氢化合物的链长度。如果要求测定挥发性成分（例如，苯），那么必须规定使用吹扫-捕集气相色谱法或者顶空进样气相色谱法。使用吹扫-捕集气相色谱法或者顶空进样气相色谱法分析的总石油烃类（TPH）检测方法通常从 C6 开始，因此，挥发性碳氢类成分（例如，n-正己烷和苯）将被包含在 C6-C9 范围内。如果要求测定单个化合物浓度，例如，芳香苯类、甲苯、乙苯和二甲苯（BTEX）或者多环芳香烃类，那么应当分别要求对其检测，因为总石油烃类（TPH）检测方法是一种非特异检测方法。

未使用吹扫-捕集气相色谱法或者顶空进样气相色谱法分析的总石油烃类（TPH）检测方法（例如，新西兰石油行业法）未涵盖苯或者正己烷等，这是因为提取方法可以引起挥发性成分的损失。因此，在对结果进行解释时，应当考虑分析方法的这些局限性。

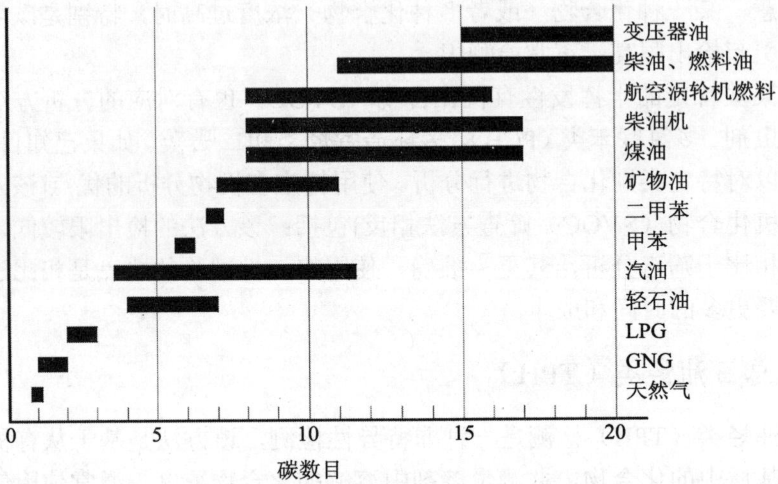

图 5　典型碳氢化合物的碳链长度

根据链长度不同，总石油烃类（TPH）检测结果可以分为下述一系列区带，例如，C7-C9；C10-C14；C15-C36；C7-C36，同时，色谱图应附有不同检测限所有样本的结果。

5.4.5.7　挥发性有机化合物（VOC）

挥发性有机化合物（VOC）是指在环境温度条件下，由于其沸点或者升华温度低，以至于在气相中浓度明显偏高的一类化合物。本类别化合物包括溶剂（氧化性溶剂和含氯溶剂）、烃类、氯代烃（例如，三氯甲烷）和单环芳香烃类[例如，苯、甲苯、乙苯和二甲苯（BTEX）]。

挥发性有机化合物（VOC）分析用作筛查检测，该方法应当使用大量化合物进行校准，这可以通过特定的检测要求、混合物标样的可获得性以及实用性来确定。从美国环境保护署（USEPA）方法 SW-846 所给出的大量列表中选择这些校准化合物，其涵盖了土壤废弃物中的主要有毒化合物。

具有半定量数据的非校准化合物也可使用色谱图中的色谱峰来报告，并与质谱数据库中的数据进行对比（库检索报告）。请注意，任何一种化合物（或者多种化合物）浓度过高时，特别是碳氢化合物类，可以引起报告的检出限高于正常检测限。

除单环芳香烃类[例如，苯、甲苯、乙苯和二甲苯（BTEX）和三甲基苯]的挥发性烃类外，通常不包括在挥发性有机化合物（VOC）的分析之中。

土壤样品中的挥发性有机化合物（VOC）

实验室收到样品后，应尽快地对土壤样本进行二次分样。当样本处于冷冻状态时，可以对其进行子样品取样，通常使用一个活塞式注射器来完成子样品取样，并立即将其转移到预先称重好的含有甲醇的提取瓶之中。测定样本重量，使用振荡萃取法或者超声波萃取法来对甲醇中的挥发性成分进行提取。

然后使用顶空或者吹扫-捕集气相色谱法-质谱法（GC-MS）对甲醇提取物进行分析（见附录 G）。

土壤样本中的苯、甲苯、乙苯和二甲苯（BTEX）

苯、甲苯、乙苯和二甲苯（BTEX）是挥发性有机化合物（VOC）的一小部分，因此，通常使用相同的气相色谱法-质谱法（GC-MS）对其进行分析。也可以使用一种更为简单的检测技术，即气相色谱法，检测器为光电离检测器。气相色谱法-质谱法（GC-MS）联用技术可以识别特定的化合物，且如果预期碳氢化合物基质非常复杂，那么也可以使用该方法。

5.4.5.8　土壤溶出过程

土壤溶出特征试验可以用于测定污染物从土壤迁移到水相的可能性。溶出试验是从液体相中提取得到土壤污染物，然后对提取液中相关参数进行分析的方法。最常使用的两种溶出试验包括：

- 毒性特性溶出试验，该方法是美国环境保护署（USEPA）方法 1311，该方法用于评价在市政填埋条件下废弃物中是有害的还是无害的；
- 人工模拟酸雨沉降溶出试验，该方法是美国环境保护署（USEPA）方法 1312，该方法设计用于模拟酸雨对废弃物和土壤的影响，以及污染物可能渗滤到地下水或者地表水。所使用的提取液通常是水，但是，必须对其进行规定；从操作上来看，该方法与毒性特性溶出法极其类似。

溶出试验的局限性是它们不能用于所有类型的化合物，且通常仅适用于金属和一些有机化合物。挥发性有机化合物（VOC）需要使用特定类型的提取装置（零顶隙提取器），这是为了使提取过程中挥发性有机化合物损失减至最小，以及最终过滤是在气相条件下经提取器完成的。

与该方法有关的困难包括难以获得代表性样本（特别是对于废弃物），以及难以维持提取期间的提取条件，这使得实验室间难以进行结果比对。

5.4.5.9 未详细介绍的其他试验

也可以使用其他试验，这取决于正在调查研究的场地中所进行的具体活动。当选择合适实验室进行检测分析时，应当对其方法进行验证并进行质量控制。

5.4.6 实验室质量保证（QA）/质量控制（QC）

所选择的分析实验室应当经过认证认可，因此，必须能够证实实验室有相应的检查程序，以确保能够进行准确检测以及提供分析结果报告。每一批次分析应当包括下述内容：

- 校准标准物质；
- 实验室空白样本；
- 平行样品，适当频率（通常为 1∶10 或者 1∶20）——这是样本均匀性和实验室精密度的检测。

如果可能，每一批次分析应当包括下述内容：

- “回收样本”——很难像原始土壤中存在的形式一样来制备样本，这是因为添加到土壤样本中的分析物将被土壤微粒外部所吸收，但是，对于土壤本身，分析物可能正好通过微粒；
- 实验室质量控制样品——对于那些不能很好均匀化的土壤样品需要实验室多次分析，以测定分析物的平均值和标准偏差。

对于一些分析物，难以制备得到稳定的质量控制样品[例如，挥发性有机化合物（VOC）]。

实验室仅可报告那些通过实验室内部质量控制检测到的数据。如果实验室“质量控制失败”——例如，平行样本未能与验证报告中测定的限值相匹配，空白样品被污染，或者回收率差，那么分析就不能被批准进行报告，同时，需要对整个批次的样本进行重复检测。有时候，分析人员可以确定分析失败的原因（最常见的是基质干扰），数据报告附有适当的备注。

报告给客户的实验室质量控制数据必须总是落在验证方法所确定的可接受限值范围之内，因此，实验室质量控制报告可以证明实验室实际上已经进行了质量控制工作。

附录 H 中给出了典型的质量控制数据和限值实例。

5.4.7 数据报告

实验室报告应当包括下述信息：

- 客户公司和联系人姓名；
- 批次标识符或者作业基准；
- 收到的数据。

对于每一个样本，应当包括下述信息：

- 样本身份识别，通常是采样人员写在容器上；
- 每一个分析物的结果，包括具体定义（例如，“总铜”，不仅仅是“铜”）；如果要求，则应当分别列出干重百分比，这是因为它总是作为分析方法的一部分来测定（例如，金属检测不仅仅需要干重百分比）；
- 合适的单位，它应当是特定的[例如，mg/kg（干重）或者 mg/kg（收到的），不仅仅是 mg/kg]；如果收到的样本不是土壤中的正常形态，则也应包括具体的备注（例如，“已经干燥并过筛”，“冷冻干燥”，等）；
- 所使用的分析方法描述，包括任何提取/消解过程，以及来源；
- 方法的认可状态；
- 方法检出限或者定量限（一些样本可能达不到一些方法的检测限，这是由于基质干扰，或者样品数量有限所致）。

实验室使用实验室质量保证（QA）/质量控制（QC）数据是为了确保结果能够向客户报告。如果实验室质量保证（QA）/质量控制（QC）数据不符合设定标准，那么不应该报告结果（除非报告中附有备注）。现场研究人员应该要求查看实验室质量保证（QA）/质量控制（QC）标准，如客户有相关要求，那么数据可以提供给客户，并且可以作为结果的一部分。

如果客户要求，需提供每一个分析结果测量不确定性报告，并且可以作为结果的一部分。

5.4.8　测量不确定度

对于实验室报告的每一个数值结果，均会有不确定性。

NZS/ISO/IEC 17025—1999 规定，实验室可以按照下述方式评价测量不确定性，“评估必须是合理的，不能对检测给出多无印象，需要考虑所有不确定性的来源”。此种不确定性是由因素众多所致，这些因素包括但不局限于下述方面：

- 子样本变异；
- 样本不均匀；
- 分析物浓度（污染物浓度低时，仪器噪声相对较高）；
- 标准物质的纯度（标准物质纯度不可能达到 100%的纯度）；
- 天平、玻璃器具等的固有不确定度；

- 视觉估计的不确定性（例如，滴定管凹液面读数）；
- 分析物提取差异；
- 仪器反应性差异；
- 最终读数的不确定性（例如，使用分光光度计的吸光度，气相-质谱仪器上的“计数”）。

精密度（也就是说，重复性）仅是测量整体不确定性的一个组成部分。

所有的分析结果均有不确定性。不确定性随着操作方法的不同而有所不同，对于简单的一步或者两步操作过程，不确定性较小，但是，对于复杂的分析（包括提取、浓缩、洗脱、衍生化、浓缩和色谱测定），不确定性程度可能达到 100% 或者更高。

了解测量不确定性程度对于解释相对于数据质量目标的结果是非常有必要的。

5.5 数据解释基本知识

5.5.1 数据报告

需要根据污染土地管理指南 1:《新西兰污染场地报告（2011 年修订)》（环境部，2001）来编制数据报告。场地调查研究期间所得到的数据应当进行核对，并以一种合理的方式来呈现，以便于对这些信息进行评价。不同的调查研究阶段都有数据产生，这些数据来自下述方面的信息：案头研究、场地实际调查研究、现场筛查、现场观测、样品链文件以及分析结果。

来自场地历史研究的数据（该研究可能包括旧的场地布局计划、图片、物质安全数据表和许可）应当包含在报告之中。分析数据需要按照一定数字顺序编制表格，同时附上实验室分析证书。场地计划中也应当包括分析结果，以表明样本位置、数目和深度，并使用不同的颜色来表示不同的浓度范围。

特定样本深度的浓度等值线可以用来显示实际情况，但是在小样本位置区域要谨慎使用，因为这容易引起误解。通常使用不连续的等值线来表示等值线的不确定性。

5.5.2 场地概念模型

场地调查研究期间获得的数据应当与适用于该场地的概念场地模型有关，以查看信息是否与预期模型有相关性。应根据模型来评价信息，包括取样位置、范围、趋势和污染物在土壤剖面的移动等。分析结果和现场信息应当能够优化概念场地模型，同时识别和评估污染来源、路径和目标。

5.5.2.1　数据评估

场地数据评估需要审查所有的信息来源，包括场地概念模型、现场结果和分析结果，以及场地用途和预期用途等考虑事项。当解释土壤分析结果时，必须了解数据的不确定度，以及采样和分析方法的局限性。通过结果与指导值进行对比来评估数据，并把其作为数据的初步筛选。场地中数值的适应性、暴露途径和分析也必须考虑（章节 5.5.3 提供了指导值使用的具体信息）。

如果使用平均浓度与指导值进行比较，那么必须做出专业判断。平均值必须用于暴露途径，在一些情况下平均值的这种用法并不合适，因为它们可以隐藏“热点”信息（章节 5.5.4.1 提供了统计摘要的具体信息）。

假设统计方法的假设和限制是恰当的，且使用了指定的统计研究采样类型，那么接近指导值的数值解释可以使用统计方法来完成。推荐的方法是使用算术平均值的置信上限（进一步讨论见附录 I）。当结果与指导值比较时，如果置信上限等于或者低于指导值，同时，假设无结果超过指导值的两倍，那么结果是可以接受的。进一步的指南见污染场地：取样设计指南（新南威尔士州环境保护局，1995）和 RAGS 补充指南：计算浓度[美国环境保护署（US EPA，1992）]。

5.5.2.2　数据评估的不确定性

必须确定数据的局限性和不确定性，同时，应当明确的指出数据解释所做的任何假设。数据不确定性程度可以通过使用平行样本进行测定，可以通过提供取样和分析方法的精密度来指示。应当从不同位置收集平行样本，对于每个平行样本，应计算平均值和标准偏差，然后当结果与指导值进行比较时，可以使用精密度信息。附录 J 电子数据表中介绍了此种计算的实例（见章节 5.5.8）。

5.5.3　土壤污染物标准和指导值应用

关于保护人类健康的评价和管理土壤中污染物的国家环境保护标准（NES）提供了 12 种土壤污染物标准，以及 5 个暴露场景，其具有法律约束力。关于保护人类健康的土壤污染物标准中含有获取土壤指导值的不同方法（环境部，2011a）。

目前，新西兰和国外有许多指导值，它们可以用来评价场地调查期间所获得的数据。适用于场地具体条件的指导文件得以使用，同时需要注意在将它们应用于不同场地时，应全面地理解指导值产生的情况。对于国家环境保护标准（NES）未列出污染物的指导值可参考污染土地管理指南 2：《新西兰环境指导值的分级和应用（2011 年修订）》（环境部，2003）。

5.5.4 数据评估中统计方法的使用

5.5.4.1 统计概述

根据场地调查数据，需要提供经过合理设计的数据报告。许多统计方法假设基于从大量数据中随机选择的数据是呈正态分布的，但对于污染场地调查来说往往并不是这样。当使用那些根据经验设计所采集的样本统计结果时，必须特别谨慎，这是因为需要专业判断来进行解释。场地数据首先必须具有完整性，同时确定是否有离散值，也需要明白数据的分布。下面讨论了本领域广泛使用的两种常见统计术语。

平均值

本文件中“平均值”是指汇总的统计范围，它可以表明集中趋势或者“平均水平”，它也可包括算术平均值、中位数、几何平均值和众数。对于数据集呈明显偏态分布时，例如污染场地调查研究数据呈对数正态分布，那么中位数和几何平均值通常可以更好地代表批量数据。中位数和算术平均值受到数据中极值影响相对较小，且相对于算术平均值，它们可能更适合描述“平均”浓度。几何平均值往往低于或者等于算术平均值。众数是最常出现的数值。

变异性

这是数据的另外一个重要特征，其可以通过范围来描述，如果受到数据极值的影响，那么就不是很有用。方差或者其正平方根（标准偏差）往往用于测定变异性，且使用与原始数据相同的单位表示。变异系数在不同的样本比较时更加有用，且是一种无量纲度量。当解释场地调查的统计特征时，常使用 95%置信误差（见附录 I）作为变异性度量，这在验证采样时非常有用。调查过程中如果未能检测到热点区，那么第一步应当是对 X 网格条件下热点遗漏概率进行统计学检查。X 网格一般基于数据质量目标设定。

当报告场地调查数据的统计摘要时，需要列出样本数量、标准偏差和 95%置信误差，它可以给之后的使用者提供选择或者获得其他置信区间（例如，99%置信区间）。95%置信误差不应当与位于 95%的数据值混淆，因为它是指分布中大于或者等于 95%的所有数值。图 6 以图形方式给出了场地数据。

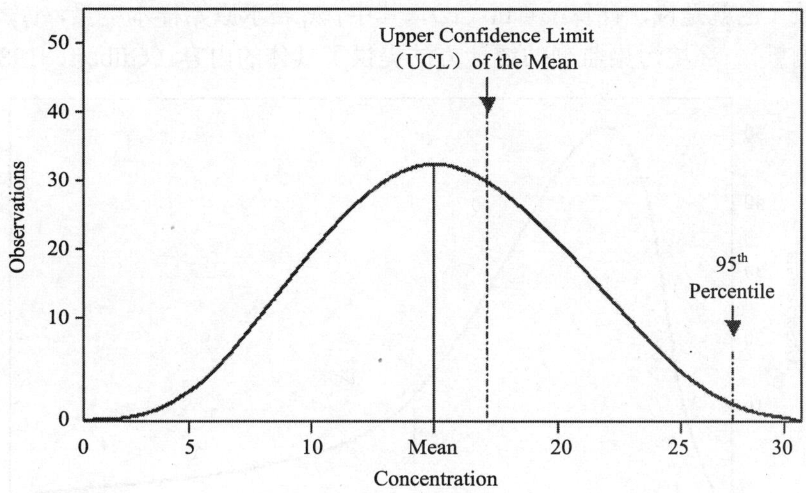

注：随着样本数量的增多，平均值置信上限越来越接近真实平均值，此时，分布主要位于 95%置信区间的上端。

图 6　正态分布和 95%置信上限图解

应当报告和总结每层土壤的下列信息：

- 样本数量；
- 样本平均值（算数平均值和几何平均值）；
- 样本标准偏差；
- 95%置信误差，或者 95%置信上限；
- 样本范围；
- 变异系数；
- 样本中位数。

5.5.4.2　正态分布检查

对于存在有害物质的场地调查数据通常呈对数正态分布而不是正态分布。图 7 显示了正态分布和对数正态分布的典型剖面图。数据集的分布应当使用统计学检验来进行检查，同时，许多统计软件包能够检测正态分布假设（见附录 I）。应当对数据进行绘制，以评价场地中污染物的分布是否呈正态分布。如果统计检验表明，数据不呈正态分布，那么接着应当使用合适的转换来对数据进行转化。

对于土壤样本，如果数据大体呈对数正态分布，那么适宜的转换是使用自然对数函数（也就是说，计算 $y_i = \ln(x_i)$，其中，x_i 表示原始样本度量，y_i 表示转换的样本测量）。环境污染监测的统计方法提供了具体的内容（Gilbert，1987）。

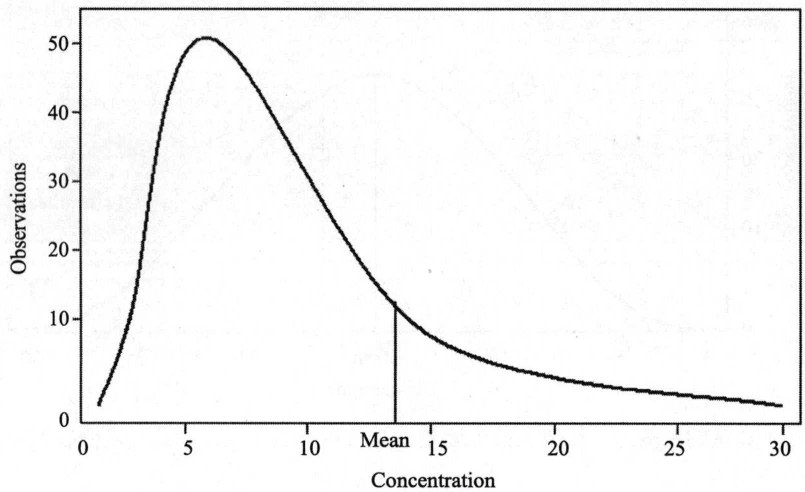

对数正态分布

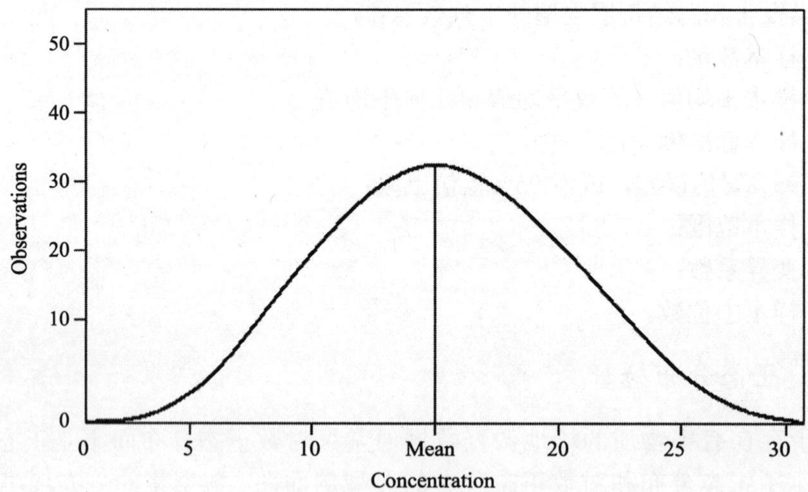

正态分布

图 7　对数正态分布和正态分布

5.5.4.3 准确度和精密度

与测量准确度和精密度有关的验证信息包含在污染场地调查研究报告中。分析过程中准确度是指测量值与真实值之间的接近程度。真实值通常是未知的（这也是进行测量的原因）。但是，分析测量有时候产生的系统误差会降低准确度。一般可以使用下述两种方法之一来评价准确度：

- 平行样本送往不同的实验室进行分析（实验室间比对）；
- 使用指定的标准物质对样本进行分析。

标准物质是均质标准样本，这些样本之前已经经过分析并作为污染物的真实值。这种标准物质在不同的环境介质中有一系列的浓度范围，例如，土壤、植物和食物，但它们不一定均有确定的标准物质。它们呈现了实验室间的比对，且可以从 LGC（英国）、国际原子能协会（IAEA，维也纳）以及国家标准技术局（NIST，美国）等许多国际标准机构获得。

分析精密度是指结果的分布情况，通常使用同一个样品的重复测量结果进行评价。精密度是利用变异性来描述的，这在章节 5.5.4.1 中介绍。用于描述精密度的最常见的统计方法是变异系数。土壤样本中平行样本的使用可以表征取样和分析过程中的精密度。

5.5.4.4 异常值

异常值是一组数据中的一个观察值，它可能远远低于或者高于平均值，这可以通过其他观察值证实。异常值可能是由于分析或采样的难度造成，但也可以表示场地的实际污染情况（例如，热点区）。也就是说，异常值可以是真的，也可以是假的。应当对每一个异常值进行评价，以确定其是不是真实的结果。

当相关的浓度测定值均比较低时则假异常值出现的概率较高。引起此种结果的一个原因是，整体测量结果较低时出现的一种小的样品污染效应（经接触大气、取样器、样本容器、分析人员、实验室试剂和设备，或者仪器分析技术）。由于测量的差异，相比于污染场地调查过程的土壤分析，痕量浓度的异常值则更为常见。

需要谨慎解释将过高或者过低结果当作异常值的决定，以及将异常值排除于数据集的过程。必须严格地看待异常值，以确保数据没有错误地从场地调查中丢失。如果确定是假的异常值，那么原始数据不能从场地调查报告中移除。相反，应当对数据集中受怀疑的异常值进行确认（例如，注上星号和脚注）。正文或者脚注中应当给出识别为可疑异常值的理由。

有许多统计学方法可以识别异常值，但是，在明确确定为异常值时，这些方法都有不同的问题，必须明确样本的群体属性是否具有合理的确定性。获得潜在群体性质的最佳方式是分析至少30个样本。对于小数据集（小于30个样本），异常值去除的统计方法仅应作为最后过程来使用。如果回溯核查显示错误，那么应当拒绝将其作为异常值。反之，如果是真实结果，那么需要解释。

当排除异常值时，需要进行下述检查：

- 检查任何计算是否有错误；
- 检查方法中是否有过失误差（例如，任何记录误差、实验室误差、取样期间的异常条件、较差的取样方法）；
- 确定可疑的数据点是否与方法精密度一致（如果已知）；
- 通过重复进行分析，从而重新检测怀疑的样本，或者收集另外的检测样本以增大整体数据集。单独一个错误的结果可能不明显或对平均值影响较小，但如果是一个异常值则可能影响更大；
- 检查观测值和场地实际值（见章节5.5.5）。例如，乡村土壤样本中高浓度砷可能是一个异常值，除非取样点碰巧发生在有名的洗羊水位置，或者一个未知位置。需要进一步研究明确样本所代表的区域。

5.5.5 现实检查

应当进行数据有效性评价，同时，也应当对数据准确度的不确定性进行解释。特别是来自现场和实验室质量控制/质量保证的数据必须在验收标准范围之内，同时，应当对验收标准的任何变异性进行解释，也必须澄清数据准确度的任何不确定性程度。推荐的数据核查列表如下所示。

- 在场地调查期间，场地历史数据是否与现场观测数据相一致（例如，基于案头研究，预期位置是否有罐坑、建筑物地基或者地面扰动证据）；
- 样本瓶上的标记是否与样品链表和场地计划中的标记一样（该项核查最好是由独立的人员而不是现场采样人员完成）；
- 任何数据是否有丢失（例如，来自样品链或者来自实验室）；
- 计量单位是否正确；
- 实验室数据是否与现场观测值一致（例如，高结果是否与污染的现场观测值一致）；
- 所有的数据是否已经正确地从实验室/现场记录中转移到了报告表格和场地计划/图表中，包括是否使用了正确的分析单位。应当由一名独立的同行来审核这些数据。

5.5.6 数据解释的常见错误

在数据解释过程中应当避免的常见错误和误区包括：

- 未能识别出数据的信息差距，例如，特定位置或深度的样品结果数量不足，以至于不能得出全面的结论；
- 在无支持性数据条件下得到明确的结论；
- 没有与现场其他支持信息相结合的分析（也就是说，未考虑概念场地模型或者现场记录）；
- 假设污染物结果低于检测限，从而推出土壤中并不存在的污染物；
- 假设场地中的自然土层与背景土壤一样（如果自然土层已经受到污染物影响，则不可能是这种情形）；
- 使用一种不合理的场地调查方法（例如，场地验证中使用经验判断的取样法，或者基于概念场地模型来收集错误深度的土壤样品）；
- 收集不具有代表性的样品（使用错误的方法来采集土壤样本，例如，挥发性化合物采用气流冲钻法采集）。

5.5.7 解释接近或者低于检出限的数值

5.5.7.1 接近于检出限的数值

由于分析仪器噪声，污染物测量过程中产生的信号小，所以在解释接近于方法检出限的数值时具有不确定性。由于样本可能存在污染，所以也可能存在不确定性，在进行痕量水平分析时这种现象更为明显。

5.5.7.2 低于检出限的数值

低于检出限的数值并不表明土壤样品中不存在污染物，仅可以表明分析方法的灵敏度不足以检测到污染物。污染物可能以低于报告检出限的形式存在，也有可能样品中根本不存在污染物（样本中污染物浓度为零）。如果需要将低于检出限的数值与指导值进行比较，那么在分析过程中要求使用具有更灵敏的方法来进行分析（检出限必须低于指导值）。当解释低于检出限的数值时，数值不应当作为“遗失”，未检测到的结果不应从结果中删除。

低于检出限的数值可以通过下述多种方式进行解释：

- 处理观测值为零；
- 使用检出限数值；

- 使用一半检出限的数值（如果有理由认为样本中存在污染物，那么这是推荐的方法）。

低于检出限的数据会引起一些统计分析的问题，因为任何上述数据解释方式均可以引起结果偏差。低于检出限的结果比例较高（例如，超过 25%）的数据集不应当有任何形式的报告置信区间。对于其他情形，数据统计分析应当进行两次，一次使用检出限（或者一半检出限）作为取代值，另一次使用零，来查看结果是否有显著的差异。如果它们有显著差异，那么需要使用更为复杂的统计学方法。如果它们无显著差异，那么低于检出限的小比例数据集不会影响统计分析，因此可以使用这些结果。

5.5.8 接近于指导值的数值

在对接近于指导值的数值进行解释时应当考虑下述问题：

- 指导值性质（例如，基于风险的清理标准、背景浓度或者调查浓度）；
- 场地背景；
- 数据变异性（以及取样设计）。

对同一个样品进行重复分析得到同一个准确结果极为罕见。同一个样品重复分析所获得的结果变异性表示了分析精密度（见章节 5.5.4.3）。如果从同一个位置收集平行样品，并反复进行分析，那么此种变异性表示了取样和分析相结合的精密度。

如果可以得到特定测量的精密度数据，那么可以更好地定义指导值附近分析结果比较模糊的区域。附录 J 中给出了本过程的实例，其中，样品设计可以用来评价取样和分析的精密度。

> 例子：对于附录 J 中所概述的情形，发现给定土壤砷测量精密度（由 t 检验的 95%置信区间表示）是±5.5%测量值。这可以推出场地样品每进行的 20 次测量中，有 19 次测量结果为 30 mg/kg（砷），范围为 28.4～31.6 mg/kg。本情形的实际情况是目标区域的结果难以识别以 30 mg/kg 为标准的砷人类健康指导值。从实际情况来看，低于 28.4 mg/kg 的分析值定义为“低于指导值”，而 28.4～31.6 mg/kg 的分析范围是接近“指导值”，高于 31.6 mg/kg 的分析值定义为“高于指导值”。

5.5.8.1 场地环境中指导值的性质

应当考虑和评价在不同场地环境中所使用的指导值及其适宜性。通常来说，需要根据场地环境和建议的土地用途以及数据质量目标来对结果进行，同时，这些结果与下述已知信息也有关联：场地历史、污染来源和转移途径以及目标受体。应当明白产生指导值偏差的原因以及考虑在场地环境中的适宜性。

5.5.8.2 数据变异性

当结果与指导值比较时，从测量结果与指导值相关的角度来看，有三种可能情况：

- 样品代表区域的污染物浓度明显低于指导值；
- 样品代表区域的污染物浓度与指导值之间区分并不明显，这是因为它们位于指导值附近，该指导值表示了普通的取样和分析变异性；
- 样品代表区域的污染物浓度明显高于指导值；

算术平均值 95%置信上限可以用于解释特定浓度水平的数值（见附录 I），且仅适用于已经进行统计学设计的调查研究。

判断式取样的使用可能不利于使用统计学方法，这是因为取样设计是有偏差的。当使用判断式取样时，不能报告置信区间，同时，需要专业的判断。要求使用空白样品和平行样品帮助解释数据。

空白样品使用

应当报告空白样品的分析结果，同时，如果根据空白结果对分析结果进行校正，对这些校正进行清晰的记录。

对于常见污染物，当结果与指导值比较时，应当谨慎地评价结果的意义。实例包括实验室塑料管中的邻苯二甲酸酯类、许多来源中的痕量锌（从镀锌铁到皮肤鳞片）等，随着测量浓度降低，这些污染物变得更加重要。空白样本的使用对于测定是否存在常见污染物是非常重要的。常见的有机污染物包括丙酮、2-丁酮（或者甲基乙基酮）、二氯甲烷（或者亚甲基氯）、甲苯和邻苯二甲酸酯类，这是美国环境保护署（US EPA）所定义的常见污染物。实验室常见污染物的推荐处理程序是：只有样品浓度超出空白样品中检测到最大量的 10 倍，才可以认为样品结果呈阳性。对于空白样品检测到的其他污染物，只有样品超出任何空白样品中检测结果的 5 倍，则才可以认为样品结果呈阳性。

附录 A：工作安全分析表格示例和卫生、安全与环境计划（HSEP）目录表示例

安全和健康管理系统

项目健康和安全计划-工作安全分析（JSA）

危害/风险	潜在危害	消除	隔离	最小化	建议的措施/相关程序 （请陈述措施，如果适用，包括相关程序）	负责人

安全和健康管理系统

项目健康和安全计划目录表

目录表

1.一般项目和场地信息；

2.应急反应信息；

3.使用的个体防护设备，或者场地中可以使用的个体防护设备；

4.场地要求的许可；

5.监测要求；

6.培训和监管要求；

7.承包商和分包商；

8.工具箱健康和安全会议；

9.其他信息。

附录 B：样品数量指导

热点区检测的取样点数量

热点检测所要求的取样点数量计算方法是基于置信水平为 95%的正方形网格取样热点区周边范围。为了检测其他形状（其他置信水平）的热点区，或者使用其他的取样方法，可以查阅下述参考资料：

- RO Gilbert（1987）。《环境污染监测的统计方法》。Van Nostrand Reinhold，纽约市，纽约。
- CC Ferguson（1992）。《污染土地空间取样的统计学基础》。基础工程，25（1），pp. 34-8。

使用的方程式：

$$G = \frac{R}{0.59} \tag{1}$$

$$N = \frac{A}{G^2} \tag{2}$$

其中：G —— 两个取样点之间的距离（取样类型的网格大小，m）；

R —— 待检测热点区周围的最小半径，m；

0.59 —— 95%检测概率所得到的系数（基于β=0.05，S=1.0，见图 10.3（Gilbert，1987））；

N —— 需要的取样点数量；

A —— 取样区域面积，m^2。

方法

1. 计算需要检测的热点区半径，R；
2. 根据方程式 1，计算网格大小，G；
3. 根据方程式 2，计算所需的取样点数量，N。

注释

计算得到的取样点位于同一平面，并没有考虑土壤剖面中的垂直污染。也就是说，取样点是横向位置，该位置是土壤样本采集的位置。如果污染物位于不同的土层，那么取样点数量可能需要增多，以反映污染物不同的垂直分布情况。

使用上述方程式，基于检测热点区周边特征所需的最小取样点，取样方法为正方形网格取样，置信水平为 95%，见表 A1。

表 A1 采用系统取样类型（95%置信水平），热点区检测所需的最小取样点

95%置信水平条件下，能够检测的循环热点直径/m	正方形网格大小 G/m	场地面积/hm^2	场地面积/m^2	推荐的取样点最小数量（N）
11.8	10.0	0.05	500	5
15.2	12.9	0.1	1 000	6
19.9	16.9	0.2	2 000	7
21.5	18.2	0.3	3 000	9
22.5	19.1	0.4	4 000	11
23.1	19.6	0.5	5 000	13
23.6	20.0	0.6	6 000	15
23.9	20.3	0.7	7 000	17
24.2	20.5	0.8	8 000	19
25.0	21.2	0.9	9 000	20
25.7	21.8	1	10 000	21
28.9	24.5	1.5	15 000	25
30.5	25.8	2	20 000	30
31.5	26.7	2.5	25 000	35
32.4	27.5	3	30 000	40
32.9	27.9	3.5	35 000	45
33.4	28.3	4	40 000	50
34.6	29.3	4.5	45 000	52
35.6	30.2	5	50 000	55

测定分析物平均浓度所需的取样点数量

测定一种污染物平均浓度所需取样点数量的计算方法是低于规定的限值，这种方法可用于区域或者暂存土壤取样，以及验证取样。这种方法需要先了解污染物的平均浓度（u）和标准偏差（σ），这些数据可以从之前经过统计学设计的研究获得，也可以根据经验获得。

使用的方程式：

$$\sigma = \frac{C_H - C_L}{6} \tag{3}$$

$$n = \frac{6.2\sigma^2}{(C_s - u)^2} \tag{4}$$

式中：σ —— 取样区域的污染物浓度标准偏差（单位，mg/kg）；

C_H —— 取样区域中可能的最高分析物浓度；

C_L —— 取样区域中可能的最低分析物浓度；

n —— 所需的取样点数量；

6.2 —— 根据 0.05α风险和 0.2β风险所得到的系数（见术语）；

C_s —— 规定的限值（单位，mg/kg）；

u —— 取样区域估计的平均浓度（单位，mg/kg）。

方法

1．基于之前的取样结果或者根据经验判断，评估取样区域的污染物平均浓度（u）。请注意，u 值应低于规定限值（C_s）。

2．基于之前的取样结果，或者使用方程式 3（其中，无可用数据），评估取样区域的标准偏差（σ）。

3．确立污染物的规定限值（C_s），单位为 mg/kg。

4．使用方程式 4，计算所需的样本数量。

注释

本方法假设样本品分析物的浓度呈正态分布，且分析物浓度并未显示任何空间结构。以往的研究数据应当能代表正在调查的整个区域，之前设计所使用的样本特征应当与当前研究所计划使用的样本特征类似。

确定污染程度所需的取样点数量

如果取样目标如下，那么本方法可以确定所需的取样数量：

- 污染物浓度超过规定限值的场地区域不超过一定比例；
- 污染物浓度超过规定限值土壤体积不超过一定比例。

使用的方程式：

$$N = \left[\frac{1.65\sqrt{P_0(1-P_0)} + 0.84\sqrt{P_1(1-P_1)}}{P_0 - P_1}\right]^2 \tag{5}$$

式中：N —— 所需的样本数量；

P_0 —— 浓度超出规定限值的区域或者浓度超过规定限值的土壤体积的最大容许比例；

P_1 —— 浓度超出规定限值的区域或者浓度超过规定限值的土壤体积的预期比例。

方法

1．测定 P_0。P_0 值范围通常在 0.05（95%的区域面积或者土壤暂存体积低于可接受的限值）到 0.25（75%的区域面积或者土壤暂存体积低于可接受的限值）之间不等。

2．测定 P_1。请注意，P_1 值必须小于 P_0 值。

3．根据方程式 5，计算 N。

参考文献

[1] 新南威尔士州环境保护局（1995）．《受污染场地：取样设计指南》，新南威尔士州环境保护局，悉尼.

[2] 美国环境保护署（US EPA）（1989）．《评价清除活动达到标准的方法》。卷 1：土壤和固体介质。第 6 章：对框 6.3（EPA 230/02-89-042）。政策、计划和评价办公室，美国环境保护署，华盛顿，DC.

附录 C：新西兰土壤描述的地质力学术语

土壤名称

对于粗粒度土壤（粒度大于 65%的沙子和砾石）是根据存在的微粒大小来命名，对于细粒土壤（粒度大于 35%的泥沙和泥土）是根据行为特征来命名。

表 A2 不同颗粒大小的土壤名称

术语		颗粒大小
石块		大于 200 mm
极粗砂粒		60～200 mm
砾石	粗糙	20～60 mm
	中等	6～20 mm
	细	2～6 mm
沙子	粗糙	0.6～2.0 mm
	中等	0.2～0.6 mm
	细	0.06～0.2 mm
泥沙		2～60 μm
泥土		小于 2 μm

表 A3　比例

	术语	土壤质量百分比/%	实例
次要比例	（…）y	20～50	沙子
大比例	..-..	30～50 主要成分	沙砾 砾石
小比例	痕量 少量 一些	小于 5 5～12 12～20	痕量沙子 少量沙子 一些沙子

强度

表 A4　细粒土壤（黏性土壤）

术语	诊断特征	无排水的综合强度/kPa
极软	当挤压时，可从指缝中渗出	小于 25
软	容易切割	25～50
紧实	仅在较高的手指压力情况下切割	50～100
坚硬	拇指压力切割	100～200
极硬	拇指甲切割	200～400
硬	难以被拇指甲切割	400～1 000

粗粒度土壤

外观评价是基于：

- 松散挤压：可被手弄散或被铲子极易弄散；
- 紧密压实：需要通过挖掘来弄散，可以是团块，或者是分开的物质。

水分条件

表 A5　水分条件

术语	描述
干燥	土壤看起来干燥，摸起来也干燥：通常情况下，黏性土壤是坚固的，粉末状，或易碎的颗粒土壤可以从手指缝中自由地流出
潮湿	土壤摸起来感到凉爽，颜色发暗：颗粒状的土壤易于粘连在一起，同时粘连土壤常常由于存在湿度而变软，但在重塑土壤时，手上并没有黏上自由水
湿润	土壤摸起来感到凉爽，颜色发暗：颗粒状的土壤易于粘连在一起，同时粘连土壤常常是松软的，且在处理土壤时，手上并没有黏上自由水
水饱和	土壤摸起来感到凉爽，颜色发暗，并且在样本中出现的自由水。“完全饱和”又指在地下水位下的土壤

可塑性

从 Atterburg 极限测试的结果中来确定黏土和泥浆的可塑性。在野外，利用膨胀（震动反应），干燥强度（粉碎）和韧性行为来识别细粒土壤的特性。在土壤中，可塑性的测试特征最明显的是膨胀，其中，快速震动土壤会有水出现，类似的震动不会引起塑性土壤的反应。

分级资格

沙砾和沙性土壤是较易分级的类型（该类较好地代表了颗粒大小从最大到最小的土壤）。分极差的土壤可以被进一步均匀分级（大部分的颗粒是同一尺寸的颗粒）和不连续分级（缺乏一个或者多个中等颗粒大小的颗粒）。

风化

粗粒度土壤的风化现象比较明显，当风化未对土壤特性有影响时可以忽略该术语。

层理

表 A6 层理特征

术语	倾斜度（相比于水平面）	术语	层理厚度
次水平	0°～10°	极厚	大于 2 m
轻微地倾斜	10°～30°	厚	600 mm～2 m
中等地倾斜	30°～60°	中等厚度	200～600 mm
极度地倾斜	80°～90°	中等薄度	60～200 mm
次垂直	80°～90°	薄	20～60 mm
		极薄	6～20 mm
		薄板	2～6 mm
		极薄板	小于 2 mm

颗粒形状

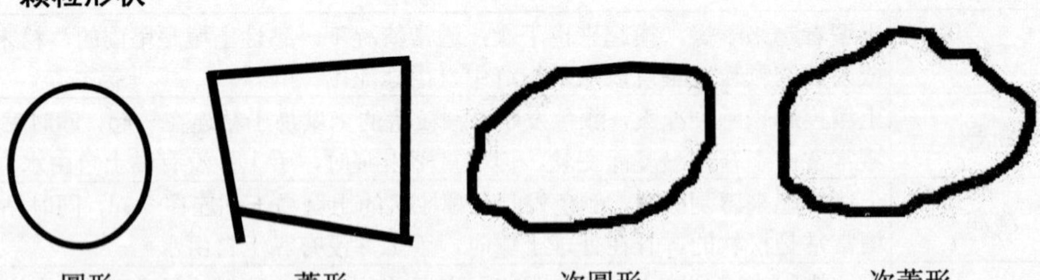

圆形 菱形 次圆形 次菱形

附录 D：样品容器和保存时间

样品容器

塑料瓶适用于收集无机化合物样品。当需要分析有机化合物时，应当使用玻璃瓶。带有聚四氟乙烯内衬盖的玻璃瓶用于盛放挥发性有机化合物。

保留时间

取样后，首先应尽快进行所有试验。表 A7 提供了基于澳大利亚标准（AS4482.1 和 4482.2）的样品保留时间指导值。应当谨慎地使用这些保留时间，因为样品的完整性不仅仅取决于样本存储的时间长度，也取决于样品处理和存储的条件。

目前尚未有科学依据表明不同检测分析所能接受的最大保留时间，对已经存储过的样品结果解释应当考虑保留时间对结果的影响。样品存储对样品完整性的影响将基于样品的分析物浓度、与其他的化合物的反应、微生物因素所引起的降解等。分析物[例如，金属和半挥发性有机物（多氯联苯（PCB）、有机氯杀虫剂和多环芳香烃]持续存在于环境之中，在采样后一般不发生变化。分析前样品的超期保存期限将由成本和分析物损失概率来决定。

表 A7　土壤样品保留时间指导值

分析物	保留时间
除汞和六价铬之外的金属	6 个月
汞	1 个月
六价铬（Cr Ⅵ）	1 个月
氰化物	1 周
半挥发性有机化合物	2 周
挥发性有机化合物	提取前 3 天 1 周分析

附录E：样品链

样品链表格

<table>
<tr><td rowspan="2">本栏仅供实验室使用

工作编码：</td><td colspan="2">从：　日期：　到：</td><td colspan="7">容器尺寸，类型，防腐蚀能力和分析</td></tr>
<tr><td colspan="2" rowspan="3">地址：

电话：　传真：</td><td colspan="7">容器识别</td></tr>
<tr><td></td><td>尺寸
类型*</td><td></td><td></td><td></td><td></td><td></td><td></td></tr>
<tr><td></td><td>防腐剂
代码</td><td></td><td></td><td></td><td></td><td></td><td></td></tr>
<tr><td>到期日：</td><td>项目编号：
项目经理：
协议编号：</td><td>检验员：
签署：
审核：</td><td rowspan="3">分析物</td><td rowspan="3"></td><td rowspan="3"></td><td rowspan="3"></td><td rowspan="3"></td><td rowspan="3"></td><td rowspan="3"></td></tr>
<tr><td>监管密封完好无损？
是　否</td><td rowspan="2">发行：

日期：

时间：</td><td rowspan="2">实验室接收人：

日期：

时间：</td></tr>
<tr><td>冷处理样本？
是　否</td></tr>
</table>

<table>
<tr><td>实验室识别</td><td>日期</td><td>时间</td><td>矩阵</td><td>样本编号</td><td>内容</td><td>总数</td><td colspan="6">需要标记的分析物</td></tr>
<tr><td></td><td></td><td></td><td></td><td></td><td></td><td></td><td></td><td></td><td></td><td></td><td></td><td></td></tr>
<tr><td colspan="5">注释：</td><td>总计</td><td></td><td></td><td></td><td></td><td></td><td></td><td></td></tr>
<tr><td rowspan="2">信使工作编号：</td><td colspan="12">*容器类型和防腐剂型号：P=中性塑料；N=硝酸保存；C=氢氧化钠保存；J=溶剂冲洗酸冲洗瓶；S=溶剂冲洗酸玻璃瓶；VC＝盐酸保存瓶；VS＝硫酸保存瓶；BS＝硫酸保存玻璃瓶；Z＝醋酸锌保存瓶；E＝乙二胺四乙酸保存瓶；S T ＝无菌瓶</td></tr>
<tr><td colspan="6">指定的周转时间</td><td colspan="6">注意：样本可能包含危险性和有害物质</td></tr>
</table>

附录 F：方法检出限测定

方法检出限（MDL）计算

方法检出限（MDL）是一种物质可以测量得到的最低浓度，以 95%置信水平来报告，该置信水平的数值大于零。它可以从含有分析物的特定基质样品的分析测定中得到，并考虑了样品所有分析操作步骤的影响（例如，子样品采样、提取、消解、稀释、试剂、仪器参数等）。该术语是美国环境保护署（US EPA）优选使用的术语，且等同于美国试验材料学会（ASTM）的“检出标准”术语。

作为方法验证的一部分，实验室应当计算 99%置信水平条件下的方法检出限（MDL），这是通过分析低浓度真实基质样本得到的，该样品含有目标分析物的浓度为预期检出限的 2～10 倍。分别在三个不同的时间来对三等分样品进行分析，其中，至少相隔一天。接着，使用下述公式计算方法检出限（MDL）：

MDL＝2.896×（合并的九个结果的标准偏差）

相比于实际精密度数据（通过无数次分析得到），统计学置信水平（根据方法检出限计算得到）超过某一浓度时意义不大。该浓度随着分析物浓度和测量的精密度变化而变化。

实际定量限（PQL）（美国环境保护署，USEPA）是定量的最低浓度，该浓度在常规精密度和准确度限值条件下可以达到。对于一种方法，实际定量限（PQL）可以是方法检出限的 10～100 000 倍或者更高。对于大部分环境样品，实际定量限（PQL）是方法检出限（MDL）的 5～10 倍。相反的情况是如果要求的标准浓度（例如，指导值）是目标值，那么实验室方法检出限（MDL）应当低于标准浓度 5～10 倍。

比较不同实验室数据

当比较不同实验室的数据和检出限时，应当检查下述方面：

- 引用哪种检出限？仪器检出限（IDL）总是低于方法检出限（MDL）；
- 计算方法检出限（MDL）使用何种置信水平？95%方法检出限（MDL）将是 99%方法检出限（MDL）的三分之二；
- 方法检出限（MDL）是根据“空白样品”（也就是说，实验室级别的去离子水）或者实际基质计算得到？空白样品得到的方法检出限（MDL）数值总是低于实际基质的方法检出限（MDL）数值。

附录G：可能的分析方法

本附录不规定所应当使用的分析方法类型，其他方法也可选用。需要注意的是，任何用于样品检测的方法都需要进行验证。

表A8 分析方法及其优缺点

参数	提取技术	仪器分析法	优点	缺点
金属，一般元素	无	X射线荧光	可以给出真实的总的金属数量 在野外筛选时可以使用便携式仪器	不能分析原子质量小于钠原子质量的元素（例如，硼，氟）
	总提取物（美国，环境保护局，200.2）	原子吸收光谱测定法 石墨炉法 电感耦合等离子发射光谱法 电感耦合等离子体质谱法	低检出限 多元素 低检出限 多元素	一次只能检测一种元素，所以转变可能是缓慢的 一次只能检测一种元素，所以转变可能是缓慢的
六价铬	磷酸盐缓冲提取；比色法	分光光度计		
三氧化二砷		氢化物原子吸收光谱法		
半挥发性有机物	溶剂萃取（声波降解法，ASE，超临界流体萃取法，滚筒清理法，微波辅助提取等）	气相色谱质谱联用技术	筛选技术	并非校准所有峰值
石油烃	溶剂萃取（声波降解法，ASE，超临界流体萃取法等）	气体色谱火焰电离检测法	快速筛选技术	提取包括化合物，而不是烃类（溶剂等）和不适合挥发物的方法
	溶剂萃取和吹扫-捕集或者顶空法相结合	气体色谱火焰电离质谱检测与气相色谱法	包含化合物到C_6	
挥发性有机化合物	甲醇提取法	吹扫-捕集/气相色谱-质谱法	筛选技术	并非校准所有峰值
苯系物	甲醇提取法	吹扫-捕集/气相色谱-质谱法		

附录H：新西兰实验室质量控制（QC）实例

金属

表A9 电感耦合等离子体质谱法分析每一批土壤样品所使用的质量控制样品

类型	频率	报警限值[a]	控制限值[b]	针对故障采取的措施
空白样	每次运行开始		小于检出限	重复整个运行过程
平行样		10%	20%	重复整个运行过程
加标回收样				未使用[c]
QC标准[d]	每次运行开始	10%	20%	重复运行过程前解决问题（常常用器械解决）
QC样品[e]	每批3个	10%	20%	再消解样品和再分析样品
检定合格标准参考物质	验证时，之后按要求进行		在认证范围内	再消解样品和再分析样品

备注：（a）报警限值——需要特殊注意的质控趋势之外的实验差异。

（b）控制限值——重复分析之外的最大容许变异。

（c）不使用加标土样，因为土壤基质中已经存在目标分析物，再加标意义不大。

（d）从独立来源获得，符合使用标准。

（e）经过不同时间多次分析鉴定的均匀样品。

挥发性有机化合物（VOC）和半挥发性有机化合物（SVOC）分析

表A10 土壤挥发性有机化合物（VOC）和半挥发性有机化合物（SVOC）分析使用的典型质量控制样

类型	频率	典型的验收标准
空白样	每批或者每20个样	小于检出限的一半或规定限度的5%
平行样	每10～20个样	一般为相对百分比差异的20%。平均浓度的相对百分比差异可高达100%，这取决于基质
加标回收样	每10～20个样	30%～150%可回收半挥发性有机化合物（SVOC），取决于基质 50%～120%可回收挥发性有机化合物（VOC）
拟似标准品	每个样	30%～150%可回收半挥发性有机化合物（SVOC），取决于基质 50%～120%可回收挥发性有机化合物（VOC）
法定标准物质（CRM）	对于半挥发性有机化合物（SVOC）样本，频率为每月；对于挥发性有机化合物，没有法定标准物质（CRM）	在标准范围内

总石油烃类（TPH）

表 A11　土壤中总石油烃类（TPH）分析所使用的典型质量控制样

类型	频率	典型的验收标准
空白样	每批或每 20 个样	小于检出限的一半或规定限度的 5%
平行样	每 10～30 个样	20%～100% 平均值相对百分比差异，取决于基质
加标回收样	每 10～30 个样	20%～150%可回收率，取决于基质
拟似标准品	未使用	
柴油质量控制样	每批或每 20 个样	根据仪器的不同，平均浓度的相对百分比差异的 15%
法定标准物质	每月	在标准范围内

附录 I：置信上限注解

置信上限（UCL）是一个统计学术语，它可以根据所采集的数据计算得到，这些数据来源于经过统计学设计的土壤样本。计算置信上限（UCL）的方法将取决于数据分布情况。从经过统计学设计的土壤样本中收集可以代表场地实际环境条件的样品（也就是说，收集的样本是实际场地条件的子集，它可以代表整个场地）。

95%置信区间（或者误差）是指关于样本平均值的区域，它很可能含有潜在的群体平均值（代表了整个场地），其概率为 95%。同时，也可以对置信区间 80%、90%、99%和 99.5%进行类似的定义。也就是所采集的样本的群体平均值仅有 5%的概率（二十分之一）会落在 95%置信区间之外。置信区间取决于样本量大小，置信区间评估显示了真实平均值的不确定性程度。群体数量越大（推荐的 n 大于 30），则置信区间越窄。

95%置信限是平均值简单地加/减置信误差，这可以分别得到置信上限和置信下限。对于污染场地，置信上限（UCL）相比于整体置信区间更具有相关性，更多的讨论也基于此数值。

为了使估计的置信上限（UCL）有效，所选择的方法必须适用于潜在的分布情况，例如，远离任何喷雾灌溉或者混合区域的大范围园艺土壤取样，污染物分布很可能是正态分布，对于这些情形，可以用 t 检验（n 小于 30）或者正态分布（n 大于 30）来计算置信上限（UCL），究竟使用何种检验取决于样本数量。绝大多数污染场地的污染物分布并不呈正态分布，数据类型一般为低到中等范围结果的组合，包含有绝大多数的观测结果，同时较小的群体含有极高的观测结果，它代表了受污染的区域。在这种情况下有多种方法评估置信上限（UCL）。

美国环境保护署（USEPA）可免费下载 ProUCL 计算置信上限（UCL）和置信区间。该软件包提供了 10 种计算置信上限（UCL）的方法，同时，也可以用于核查数据是否呈正态分布。可从下述网址 http://www.epa.gov/esd/tsc/TSC_form.htm. 中获得。

但是，评估置信上限（UCL）时，需要注意数值不能代表“最坏场景情形”，但高于该限值的情况不可能发生。因此可以统计结果的一个重要部分，但不是污染情况的最终结果。使用正确的置信上限（UCL）可以确定：

- 保守估计长期（慢性）暴露风险，其中不包括短期（急性）暴露的污染物性质和浓度，置信上限（UCL）适用于长期风险与平均暴露和累计暴露有关场景。
- 结果与长期指导值比较时，如果 95%置信上限（UCL）等于或者低于指导值，那么场地风险是可以接受的，其中没有高于指导值的两倍的测量数据。

附录 J：使用平行样测定不确定性的实例

表 A12　平行样本概述

样本	浓度（mg/kg）		
	砷	铜	铅
A	71	215	183
A2	72	206	182
平均值	71.5	210.5	182.5
B	52	180	181
B2	59	174	204
平均值	55.5	177	192.5
C	17	43	70.1
C2	20	49	73.6
平均值	18.5	46	71.85
D	42	127	84.2
D2	48	137	96.1
平均值	45	132	90.15

表A13 提取的精密度数据[①]

样本	浓度/（mg/kg）		
	砷	铜	铅
A	99.3	102.14	100.27
A2	100.70	97.86	99.73
B	93.69	101.69	94.03
B2	106.31	98.31	105.97
C	91.89	93.48	97.56
C2	108.11	106.52	102.44
D	93.33	96.21	93.40
D2	106.67	103.79	106.60
平均值/%	100	100	100
标准偏差/%	6.6	4.3	4.9
95%误差/%[②]	5.5	3.6	4.1
指导值/（mg/kg）	30	370	300
比指定值低：比指定值低的任何值/（mg/kg）[③]	28.4	356.7	287.6
比指定值高：比指定值高的任何值/（mg/kg）	31.6	383.3	312.4
近似于指导值的数值/（mg/kg）	28.4～31.6	357～383	287～312

注：①本方法假设每一位置的样品是双份，因此，测量的变异表示了分析和取样变异的总和。

②采集的样品不是来自于场地，但它们可以代表场地。*t* 检验 95%误差是确定我们是否能够得到场地潜在群体平均值，其与指导值是否相同。我们可以假设数据呈正态分布，以描述平行样本之间的差异。

③砷实例：计算过程为 30 mg/kg–（30 mg/kg×5.5%）。

术语

α风险：指概率，它以小数表示，可以导致错误拒绝的决策误差（Ⅰ类错误）（也就是说，当它实际上是正确结果时被拒绝了）。

准确度：用于表示与真实值接近程度的术语。

气体旋转钻探：利用气体将土壤从土孔中钻出的技术。

APHA：美国公共卫生协会。

ASTM：美国实验材料学会。

螺旋钻：可以用人工或者机械方式钻入土壤的取样设备。

AWWA：美国自来水厂协会。

β风险：指概率，它以小数表示，可以导致错误接受的决策误差（Ⅱ类错误）（也就是说，当它实际上是错误结果时反而被接受）。

背景样：接近于场地区域收集的代表自然条件下污染物环境浓度的土壤样本。

偏离率：数据的系统偏差（误差），可以影响准确度。

空白样：基于质量控制目的的样本，该样本不应含有任何污染物。

空白平行样：也称为现场平行样或者重复样。从一个样采样位置采集两个单独的样本（重复样本），存储于不同的容器之中，并且提交给分析实验室，用于质量控制。

钻孔：使用一个钻机进行挖掘工作。可以用于土壤取样，以及用于安装土壤、气体和地下水监测设备。

BTEX：苯、甲苯、乙苯和二甲苯，这是一组挥发性芳香烃类化合物。

标准物质：从一个独立来源获得的样本物质，该物质已经由不同实验室分析确定具有相同的浓度。

样品链：现场工作人员编制的文件，以记录样本从现场到实验室的处理和运输程序。

清理标准：修复文件中规定的规定限值或者浓度。

CLMG：受污染土地管理指南（CLMG）系列。

混合取样：指从不同位置采集单个土壤样本，然后在实验室中混合等重量的样本获得的一个样品（混合样本）。

概念场地模型：指一种工作情景假设，它涵盖了污染物的可能性质和来源，土壤中（以及其他环境介质中）污染物可能的空间分布情况，污染物对场地、邻近场地以及其他受体的可能影响。

置信区间（误差）：不是对平均值的单一估计，置信区间得到了平均值的置信上限和置信下限。置信区间依赖于样本大小，其中，区间评估提供了真实平均值评估中的不确定性程度：置信区间越窄，则评估值越精确。

置信限：平均值加上/减去置信区间。置信限通常在图形上作为误差线显示，或者以六位数值表示。污染场地置信上限（UCL）更具有普遍意义，但置信上限（UCL）往往不能代表场地的最坏情形，一般不存在高于该值的情况。

受污染土地：用于描述一块土地存在、已经存在或者很可能存在有害物质的土地。

受污染场地：是指有害物质浓度高于背景浓度的场地，其中，评价结果表明，污染物对人类健康或者环境产生，或者很可能产生中等风险或者长期风险（ANZECC，1992）。

污染去除：进行清洗和洗涤的过程，以去除被污染的物质。

场地具体调查：包括使用多种钻探技术收集现场数据和土壤样品并进行分析

检测的过程。

检出限（DL）：见方法检出限。

数据质量目标（DQOs）：规定所要求数据质量的定性和定量描述。

平行样：见盲样平行样。

设备清洗空白样：用于识别去除污染过程中交叉污染的质量控制样品。该样品可以从已经完成去除污染取样设备上收集得到（去离子水样本）。

可提取的金属：在正常环境条件下从样品中提取或淋滤得到的金属比例。

现场空白样：质量控制样，它是装有去离子水的瓶子，它可以用于识别任何挥发性有机化合物，该类化合物可在采样期间引入。

现场筛查技术：用于定义土壤污染成本一效益的技术，作为帮助实现第一阶段调查研究使用的方法。

填充物质：指进入场地的物质，也可以指填土。

火焰离子化检测器：气相色谱仪使用的一种检测器。

几何平均值：表示平均值的统计学数据，它定义为 n 个产品的第 n 次方根。

地球物理调查：基于物理测量的一种非侵入性调查技术，它有助于识别地表下岩石的不规则或者隐藏的特征。

HAIL：危害活动和行业清单——认为具有较高土壤污染可能性的活性和行业的清单（新西兰）。

热点区：污染物浓度相对较高的局部区域。

HSEP：健康、安全和环境计划——记录了危害评价，以及消除、隔离或者最小化危害的措施评价。

IANZ：新西兰国际认证组织。

实验室间比对项目：实验室试验的分析能力计划。

工作安全性分析：用于识别和记录每一项任务的任何危害、确定适宜的转移措施以及分配责任的手段。

判断式取样：也称为目标、选择性、策略性或者基于模型的取样。在该方法中，取样位置选择是基于前期知识来确定的。

溶出试验：用于评价从土壤移动到水相的参数试验（见人工降水渗滤试验和毒性特征渗滤试验）。

填土：见充填物质。

平均值：表示平均值的统计学术语，它定义为测量值总和除以测量次数。

中位数：表示平均值的统计学术语，它定义为中间数值（如果数据集是按照数字进行排序）。（如果测量次数是偶数，那么中位数是指中间两个数值的平均值。）

方法检出限（MDL）：95%置信水平条件下，能够测量和报告的物质最低浓度，该值大于零。

众数：表示平均值的统计学术语，它定义为最常出现的数值。

单环芳香烃类：由一个芳香环构成的有机化合物类别（例如，苯）。

NATA：国家检测机构协会，澳大利亚。

NES：国家环境保准。

NAS/ISO/IEC：新西兰标准化组织/国际标准化组织/国际电工委员会。

OSH：职业安全和健康。

PCB：多氯联苯。

光电离子检测器：用于检测挥发性有机化合物的现场筛查仪器。

多环芳香烃类化合物（PAH）：由两个或者两个以上芳香环构成的有机化合物类别。

PQL：实际定量限——在规定的精密度和准确度条件下，能够可靠地达到最低定量水平。

精密度：对数据随机偏差的测量，这会影响方法的重现性。

场地初步调查：增强或者证实场地初步研究，以及确认任何信息以帮助设计场地详细调查研究。

场地初步调查报告：记录场地初步研究以及场地初步踏勘中收集的信息，参考受污染土地管理指南1：新西兰受污染场地报告（2011年修订）（环境保护部，2001）。

现场初步踏勘：最初的调查研究阶段。

QA：质量保证——一种确保采样不确定程度最小化的程序。

QC：质量控制——一种控制采样或分析过程不确定性的程序。

相对百分比差异：两个样本结果与其平均值的差异，以百分比表示。

重复性：表示方法精密度的统计学术语。

平行样品：见盲样平行样。

再现性：表示方法批间精密度的统计学术语。

样本记录：土壤描述使用统一的方法和格式，记录土壤剖面的现场记录表。

取样和分析计划：向进行取样的现场工作人员发放的工作文件，它规定了取样目标、方法和质量控制/质量保证要求。

取样目标：收集样品的原因。

取样类型：采集土壤样品的侧面描述。

取样方法：采集样品的位置和方法描述。

场地验证：验证场地修复情况的调查过程。

场地验证报告：根据修复标准来评价受污染场地在修复后的检测结果报告。

回收样本：添加了已知浓度的物质的样本，它是一种质量控制样本。

分离样本：用于检查实验室分析能力的质量控制样本。第一个实验室向第二个实验室发送的一部分用于检测的样本。

标准偏差：表示偏离于平均值程度的统计学术语。

分层采样：场地被分为（通常）非重叠子区域的采样类型。不同的子区域使用了不同的取样密度和取样类型。

标准品：指在分析前加入到每一个样本中的化合物，以对分析方法的有效性进行核查。

SVOC：半挥发性有机化合物。

人工降水溶出试验：旨在确定低于污染来源地下水位中的毒性有机污染物和无机土壤污染物的移动能力的分析方法。

系统采样：一种采样类型，也称为非目标或者网格采样，它是一种基于统计学的采样方法，土壤取样点是按照一定的间隔（网格）来取样。

探坑：也称为挖坑——使用挖掘机进行的挖掘，它用于调查下层物质以获得土壤样本。

毒性特征溶出试验：旨在模拟当废弃物处置在填埋区的溶出过程和发生其他影响的分析方法。

TPH：总石油烃——一种检测易溶于有机溶剂的化合物，包括碳氢化合物和其他有机物（例如，溶剂）。

运输空白样：检测挥发性有机物样品在运输过程中需确认样品是否受到污染的质量控制样本。

UCL：置信上限。

USEPA：美国环境保护署。

方差：标准偏差平方值。

VOC：挥发性有机化合物。

WEF：水环境联合会。

WES：工作场地暴露标准。

X 射线荧光光谱法：用于测量土壤中总金属的分析方法。

零顶空取样器：用于收集土壤挥发性分析物的设备。

参考文献

[1] 建筑环境研究中心（1994）. 英国受污染土地报告 CLR 4：受污染土地取样方法. 建筑环境研究中心，诺丁汉特伦特大学，诺丁汉.

[2] Ferguson CC（1992）. 受污染土地空间取样的统计学基础. 地面工程，25（1）.

[3] Gilbert RO（1987）. 环境污染监测的统计学方法. Van Nostrand Reinhold，纽约市，纽约.

[4] 环境部（1999）. 新西兰评价和管理石油烃污染的场地指南（2011 年修订）. 环境部，惠灵顿，新西兰.

[5] 环境部（2001）. 污染土地管理指南 1：新西兰受污染场地报告（2011 年修订）. 环境部，惠灵顿，新西兰.

[6] 环境部（2003）. 污染土地管理指南 2：新西兰环境指导值的分级和应用（2011 年修订）. 环境部，惠灵顿，新西兰.

[7] 环境保护局（2006）. 识别、调查和管理与之前使用洗羊药水有关的风险：地方当局指南（2011a）. 保护人类健康的土壤污染物标准制定方法. 环境部，惠灵顿，新西兰.

[8] 环境部（2011b）. 危害活动和行业列表（HAIL）. 环境部，惠灵顿，新西兰.

[9] 新南威尔士州环境保护局（1995）. 受污染场地：取样设计指南. 新南威尔士州环境保护局，悉尼，NSW.

[10] OSH（职业安全和健康局）（1994）. 受污染场地清除的健康和安全指南. 职业安全和健康局，惠灵顿，新西兰.

[11] OSH（职业安全和健康局）（1995）. 地基挖掘实践的批准法规. 职业安全和健康局，惠灵顿，新西兰.

[12] 美国环境保护署（1989）. 评价清除标准达到的方法. 卷 1：土壤和土壤介质. 环境保护署 230/02-89-042.

[13] 美国环境保护署（1992）. 超级基金场址风险评估准则补充指南：计算浓度术语. 环境保护署出版物 9285.7-08I.

[14] 美国环境保护署（2000）. 数据质量目标过程指南. 环境保护署 QA/G-4.

[15] 美国环境保护署（2002）. 制定质量保证项目计划期间使用环境数据收集的取样设计选择指南. 环境保护署 QA/G-5S.

其他信息

[1] 澳大利亚和新西兰环境和保护委员会（1992）. 澳大利亚和新西兰关于污染场地的评估和管理的指南. 澳大利亚、新西兰环境和保护委员会、国家健康和医疗研究委员会，堪培拉，ACT.

[2] 澳大利亚标准 AS4482.1（1997）. 澳大利亚关于潜在污染场地的采样和调查指南-第 1 部分：非挥发性和半挥发性化合物.

[3] 澳大利亚标准 AS4482.2（1999）. 澳大利亚关于潜在污染场地的采样和调查的指南-第 2 部分：挥发性物质.

[4] 英国标准 BS10175：2001（2001）. 潜在污染场地的调查：执业守则.

[5] 环境危险物管理机构（2001）. 关于危险物及新有机体法案（HSNO）阈值和分类的用户指南. 环境危险物管理机构，惠灵顿，新西兰.

[6] 冰岛环保部（1997a）. 新西兰受污染的煤气厂场地的评估和管理. 冰岛环保部，惠灵顿，新西兰.

[7] 冰岛环保部（1997b）. 选定的木材处理化学品健康和管理指南. 冰岛环保部，惠灵顿，新西兰.

[8] 冰岛环保部（2002）. 有害废弃物的管理指南：模块 1–标识和记录. 冰岛环保部，惠灵顿，新西兰.

[9] 国家环境保护委员会（1999）. 澳大利亚国家环境保护措施（场地污染的评估）纲要 B（1）：土壤和地下水调查水平指南. 国家环境保护委员会服务公司，Adelaide，SA.

[10] 国家环境健康峰会（1998）. 国家环境健康峰会论著：复合取样. 土壤系列 3，1996. 国家环境健康峰会，Adelaide，SA.

[11] OSH（职业安全和健康局）（2002）. 地下服务安全指南. 职业安全和健康局，惠灵顿，新西兰.

[12] 美国环境保护署（1990）. 土壤取样误差评价基本原理. EPA/600/4-90/013.

[13] 美国环境保护署（1992）. 土壤取样方案编制：取样方法和策略. EPA/600/R-92/128.